月形学

明治日本の陰を担ったまち　北海道月形町

楠　順一

月形学【目次】

発刊によせて　辻　智子　7

まえがき　13

【第一講】オリエンテーション――**時代背景からたどる「月形学」へのアプローチ**　17

【第二講】監獄にかけた半生――**月形潔の生きた時代**　47

【第三講】北海道開拓の礎を築く――**鉱山と道路と監獄**　99

【第四講】**日本の社会事業のさきがけとなった人々**
――「北海道バンド」と呼ばれたクリスチャンたち　133

【第五講】近代国家への捨石か架け橋か？　**獄窓の自由民権者たち**　165

[第六講]　樺戸監獄剣術師範　永倉新八　197
[第七講]　今も真相は闇の中？――熊坂長庵と藤田組贋札事件　225
参考文献　252
月形歴史講座を受講して　前田湧介　砂金亜美　256
あとがき　259
解説に代えて　桟　比呂子　267

発刊によせて

北海道大学大学院教育学研究院准教授
辻　智子

楠順一さんと初めてお目にかかったのは2017年6月でした。月形町内に住む清水藤子さんのお宅で、当時、月1回開催されていた「若者会」（町内の若者（自称も含む）の集まり）に参加した折、清水さんから「月形の歴史を調べている友人がいるから」と紹介していただいた（正確に言うと急きょ清水さんが電話をかけて呼び出した）のが楠さんでした。

私が勤めている北海道大学教育学部には、主に学部3年生を対象とした実習という授業があります。その中で私が所属する教育社会科学分野では、地域の実情や問題・課題に触れながら社会調査（資料調査、インタビュー調査、アンケート調査など）を実際に実施し、報告書をまとめるというのが通例です。このような実習を私たちは「地域調査実習」と呼んでいます。楠さんとお目にかかったのは、この授業を月形町で開始して間もなくの頃でした。

正直に申し上げて、当時、私も学生たちも、月形町のことをほとんど知りませんでした。では、なぜ月形町で、この地域調査実習をすることになったかといえば、月形町は札幌をはじめ各地から様々な若者たちがやってくる場所だと聞いたからです。その仕掛け人が、穴澤義晴さん（現在、NPO法人コミュニティワーク研究実践センター月形事業所「わくわーく」所長）、高橋史織さん、湯浅雄偉さんたちで、そのうち湯浅さんは、当時、私の研究室（北海道大学大学院教育学院青年期教育論研究室）の大学院生でもありました。穴澤さんたちの活動は、町外からの若者たちによる農業体験や町民との交流会（2007年、約70人が町外から参加）に始まり、日帰りや一泊での継続的な農業体験活動（2007年～2010年）を経て、町内での共同生活・労働（農作業）・交流（地域行事への参加など）へと展開し、これに参加した若者たちの中には月形町へ移住する人も現れてくるようになっていました。冒頭の「若者会」は、一時的にせよ長期的にせよ、こうした活動にかかわって町外から月形町にやってきた若者たちと、月形町で生まれ育った人、近隣から町内に通勤している人とが交流するための場でもあったのです。

こうした若者をめぐる新たな動きに引き寄せられて、私は大学生とともに月形町に足を運ぶようになりました。そして、若者を受け入れ、カルチャーショックを受けながらも関係を紡いでいった月形の人たちとその暮らしぶりに興味を持つようになりました。一般的には異質なものや地域外からやってくるものに対して閉鎖的とされる農村社会が、失業していたり、ひきこもっていたり、周囲の人との関わりに恐怖を感じていたりする若者たちを、どのように受けとめたのかが気になり始めたのです。そして、このことは、月形がもともと「監獄のまち」として出発したことと何か関連性はあるのだろうかとも考え始めました。これが、私たちが月形という地域のなりたちやその歴史に関心を持つようになった発端です。

そういうわけで、楠さんとの出会いは私たちにとっては好機でした。それは、たんに月形の歴史を地元の方に教えていただこうということにとどまらず、そこに暮らしている住民の方自身が自分の住んでいる村や町の歴史を学ぶとはどういうことかを考えさせてくれることだったからです。もちろん、歴史を学ぶきっかけには、自分の家族のルーツを知りたいといったものや、歴史にロマンを感じるといったものもあろうかと思いますが、それらも含めて、地域の人たちが、その地域の過去（歴史）を話題にしながら楽しんでいるといういとなみに、直接、接することができるというのは幸運なことだと感じました。

さて、本題の楠さんの講義（講座）ですが、全部で7回、開催していただきました（２０１７年7月26日、8月23日、10月18日、２０１８年1月23日、2月19日、２０１９年1月7日、2月10日）。場所は、北海道大学においでいただいたこともありましたが、ほとんどは月形町内で、清水さんのお宅や、楠さんが運営されているＮＰＯ法人サトニクラス、前述「わくわーく」の事務所をお借りしてのこともあり、神出鬼没（？）に行いました。主な聴衆は私と大学生・大学院生たちで、少ない時は3～4人、多い時でも10人程度の小さなセミナーでした。ただ、参加できなかった人のために講義を録音しておき、それを共有するとともに、私たち自身の勉強のために文字化することにしました。結果として、その作業が、今回このような形でお役に立てることとなり光栄です。楠さんには、講師料もお支払いしないどころか、自ら自前のプロジェクターとノートパソコンを担いで来て講義していただくという、手弁当も甚だしい手づくりの学びの場でしたが、今からすれば、それはたいへん貴重な時間であったと思えます。

また、講義と並行して調査実習で町民インタビューを行いながら、月形樺戸博物館を見学したり、樺戸監獄で亡くなった囚人たちが眠る篠津山囚人墓地までサイクリングをしたり、元大工の囚人たちによって建立されたという北漸寺・円福寺や、農地開拓の囚人労働で築かれた灌漑用水を見学したりと、月形の歴史を物語る痕跡を巡って思いをはせました。さらに、月形町役場が毎年、囚人墓地で行っている樺戸監獄物故者追悼式にもご招待いただき参列の機会を頂戴しました。こうした時間の積み重ねの中で、私は、自分は今、どこにいるのか、いつなのか、ふとわからなくなるような、タイムスリップしたような不思議な瞬間も味わいました。

こうした経験をともにした学生たちは、やがて大学で最終学年となり、そして順番に卒業していきました。今は廃線となったJR札沼線で何度も通った月形ののどかな風景と月形潔の名前は、たとえ北海道を離れても、大学時代の思い出とともに心の中にきっと刻まれて残ることでしょう。

個性あふれる人々が繰り広げるドラマのような歴史語りとも言える本書は、人生すべて波乱万丈ながら、それでも生きてゆく私たちを励ましてくれるものになることと思います。

（青年期教育論研究室）

2020年4月28日　新型コロナウイルス感染拡大防止のための外出自粛中に

2017 年 4 月　月形樺戸博物館正面にて

2017 年 6 月　雪の聖母園資料館を見学

2017 年 10 月　北海道大学教育学部の授業で楠順一さんがゲスト講義

[まえがき]

私は元々ふるさと月形の歴史に興味があり、農閑期には色々と読んだり調べたり、あちこちでお話したりしていましたが、趣味の域を出ない営みでした。出版などという大それた目論見は無かったのですが、あるときから自分も世に問うてみたいという思いが芽生えました。そのきっかけを与えてくれたのは、月形を訪れた若者たちでした。

北海道大学教育学部の皆さんが、初めて月形町に調査実習に来られたのが２０１６年。以来私も同窓の縁から多少お手伝いさせていただくうちに、指導教官の辻智子先生から「月形町の歴史について話してほしい」というご依頼をいただきました。慌てて勉強しなおし、全体の構成を考え、付け焼刃ながら「月形学講座」と銘打って学生向けの講義形式に整えました。樺戸集治監と明治期の歴史とのつながりを中心に、２０１７年から19年まで、都合7回に亘ってお話ししました。

最初は親より年上の私にも話の内容にも、距離感のあった学生さんたちでしたが、いつしか打ち解けた空気が流れるようになり、次第にふるさと月形の歴史に思い入れる私の世界に近寄ってくれる気配が感じられるようになりました。

2年間かかりましたが、7回の「月形学講座」は何とか最後まで辿りつきました。学生さんたちが私の話を文字起こしして、「研究報告」に収録してくれました。本書は、それを元に加筆し構成し直してまとめたものです。毎回テーマに沿って選定したテキストから作成したスライドを読みながら、私の説明を交えて進めましたので、テキストの内容と私の話とが行ったり来たりして読みづらいところもあるかもしれませんが、出来るだけ話の流れを再現しましたのでお許し下さい。

内容は、樺戸集治監の開設当初から明治30年頃までの出来事や人物をテーマに、北海道や全国の歴史とのつながりを紐解き、辿ったものです。当たり前のことですが、歴史上の出来事は全て因果関係で繋がっており、単独で生起しているわけではありません。特に国家機関であった樺戸集治監の担った役割は、西欧をモデルとしたアジア初の「近代国家」を目指す明治日本の中で、現代に生きる私たちが思う以上に重要であったといえます。そして集治監に関わった人々の多くは、幕末から明治維新という「この国のかたち」が根底から転換する、いわば革命期を生き抜いてきた人々です。様々なバックグラウンドを持ちながら樺戸を訪れそれぞれの役割を担い、ある者は傷つき斃れ、あるいは各地に旅立って人生を送っていった人々です。そこから教科書では学べない歴史と、その時代に生きた人々の本当の姿を少しでも感じてもらえれば幸いです。

以下は月形発の視点から設定した7つのテーマのあらましです。

第一講：オリエンテーション…時代背景からたどる「月形学」へのアプローチ

幕末から維新を経て憲法制定・国会開設に至る明治前期の歴史を概観し、樺戸集治監開設へのいきさつを辿ります。そして月形を訪れた作家たちとその作品を紹介したのち、以後6回の講義をガイダンスします。

第二講：監獄にかけた半生・・・月形潔の生きた時代

筑前福岡藩士から樺戸集治監の初代典獄となった月形潔の前半生を遡り、公式の歴史には現れない役割を担った足取りを探り、その人物像を浮き彫りにします。

第三講：北海道開拓の礎を築く・・・鉱山と道路と監獄

北海道開拓に果たした監獄の役割は、北海道遺産認定という形で広く認識されるようになって来ました。特に初期の石炭や硫黄は、当時の国家目標であった殖産興業に不可欠な資源であり、その採掘は囚人労働の使役を前提として計画されていました。そして明治中期まで一向に進まなかった内陸部開拓を可能にしたのは、囚人達による道路開削でした。その過酷な労働の実態を探ります。

第四講：日本の社会事業のさきがけとなった人々・・・「北海道バンド」と呼ばれたクリスチャンたち

第3代大井上典獄のもとで教誨師を勤めた同志社出身者を中心としたクリスチャン達が、樺戸を拠点に全国の監獄改良に果たした役割を辿ります。その背景には、幕末以来の国家的課題であった欧米列強との不平等条約改正がありました。

第五講：近代国家への捨石か架け橋か？・・・獄窓の自由民権者たち

明治10年代後半に激発・過激化した自由民権運動の指導者たちが樺戸・空知など北海道の監獄に収監されました。三笠市の郷土史研究家供野外吉氏の労作をテキストに、獄中での彼らの姿と出獄後の足取りを追います。

第六講：樺戸監獄剣術師範　永倉新八

新撰組最強の剣豪と称された永倉新八が、なぜ北海道の監獄で剣術師範をしていたのか？剣の道を追い続けた彼の生涯を辿りながらその謎に迫ります。

第七講：今も真相は闇の中？…熊坂長庵と藤田組贋札事件

樺戸で獄死した絵師・熊坂長庵が着せられた罪「藤田組贋札事件」とは？その背後に見え隠れする薩摩・長州の暗闘と、長州閥と政商の疑惑。通貨の統一と財閥の誕生という、日本資本主義の創成期に潜む暗闇に光を当てます。

研究者でも作家でもない、単なる歴史好きの粗漏な仕事への、様々なご指摘やご批判については、叱咤激励と甘んじて受け止めたいと思います。むしろ、開基一四〇年という節目の時、ふるさと月形の未来に向けた一石となって、波紋が広がることを期待したいと思います。

第1講

2017.7.26

オリエンテーション
時代背景からたどる「月形学」へのアプローチ

はじめに

月形町は人口が急激に減っていまして、一九九〇年頃は約五〇〇〇人いた人口が、今は三四〇〇人しかいません（二〇一七年当時）。このままだと町が崩壊してしまうのではないか、そんな危機感があるなかで、月形町のアイデンティティとか、月形をどうアピールしていくかとか、そういうことを考えたり、何かしたいなと思っています。

今回は月形町の歴史、特に月形の土地で人びとが暮らすようになった歴史をお話しします。自分なりにですが、調べてみるとすごく面白いと思っています。

「月形学講座」の概要

月形の歴史をお話していきますが、ひじょうに広くて、さまざまなつながりが感じられます。公式な歴史としては、集治監というのがあって、初代、二代目、三代目と典獄がやってきて、ということですが、その人たちのそれまでの人生をたどってみたり、集治監に収監されている人のこと、家族がいて、出所して地元に戻っていろいろな活動したりと、そういうことをたどっていくと、今まで知られていなかった明治維新の姿や日本の近代化の中でのいろいろな人たちの動きが見えてくるんです。面白いなと思って、それを今回、皆さんと一緒に勉強していきたいなと思っています。

明治維新という大転換

最初に当時の時代背景を見ていきましょう。年表を作ってみました。

一八六七年、明治元年の一年前の大政奉還からスタートして、明治一八（一八八五）年に内閣制度がスタートします。明治二二（一八八九）年に明治憲法（大日本帝国憲法）が発布されて、翌年、第一回の選挙が行われてはじめての国会が開かれ、一連の、ある種の革命が完成するという歴史的プロセスですね。

よくよく考えてみると、これは天地がひっくりかえるような転換であり、改革だと思います。ですから、そうした動きについていけなかったり、考えの違いがあったりしていろいろな論争や、命がけの抵抗なんかも起きるわけです。当時の転換というのは、ものすごい価値観の変化だったと思います。思想的にではなくても、経済的についていけなくて没落して犯罪に走るとか、大きな時代の転換の中での人びとの動きなんですね。それを理解するために

西暦	和暦	制度的事件	内容	関連事件	北海道に関わる事件
1867.11.9	慶応３年	大政奉還	徳川家 政権の返上		
1868.1.3	慶応４年	王政復古	武家政権（幕府）から天皇親政へ	戊辰戦争	函館戦争（～ 1869 年）
1869.7.25	明治２年	版籍奉還	領土・人民の天皇への返還（王土王民思想）	東京遷都	北海道開拓使設置（東京）
1870	明治３年	大教宣布の詔	神道を国教とし祭政一致を国是とする	苗字許可令	樺太開拓使設置
1871.8.29	明治４年	廃藩置県	藩⇒県 知藩事⇒県令 藩札⇒政府紙幣	岩倉使節団出発	札幌に開拓使仮庁舎
1871		戸籍法制定	戸籍作成に関する規則を全国的に統一		
1873	明治６年	地租改正	物納⇒金納 収量基準⇒定率地価	岩倉使節団帰朝 西郷・板垣ら征韓論下野	開拓使本庁舎落成屯田兵制度創設
		徴兵令	国民軍創設に向け国民皆兵へ		
1874	明治７年	学制公布	身分・性別に区別なく国民皆学を目指し日本最初の近代的学校制度を定めた	佐賀の乱（江藤新平、島義勇処刑） 新橋・横浜間に鉄道開通	黒田清隆開拓使長官に就任 東京との電信開始
1875	明治８年	立憲政体の詔	漸次立憲政体樹立の詔勅	江華島事件	千島樺太交換条約
1876	明治９年	秩禄処分	金禄公債証書により士族特権を金銭債権化	板垣「民選議院設立建白書」 萩、秋月、神風連の乱	札幌農学校開校 三条参議ら道内巡視
		廃刀令	軍人・警官以外の帯刀禁止		
1877	明治 10 年		東京大学開校 第一回内国勧業博覧会	西南戦争（西郷隆盛戦死）	屯田兵大隊西南戦争に出兵
1878	明治 11 年		東京証券取引所開設	大久保利通暗殺さる	
1879	明治 12 年	琉球処分	琉球藩廃止、沖縄県設置	万国電信条約に加盟	幌内炭鉱開坑 函館大火
1880	明治 13 年	刑法・治罪法制定	近代法を盛り込んだ我が国最初の基本法典	集会条例公布 自由民権運動を圧迫	月形潔一行集治監用地調査 幌内鉄道開業
1881	明治 14 年	国会開設勅諭	天皇より 10 年後に国会開設の詔	開拓使官有物払い下げ事件 板垣退助ら自由党結成	樺戸集治監開庁 天皇道内巡行
1882	明治 15 年	戒厳令制定	憲法制定前に太政官布告にて戒厳規定	福島事件 （河野広中ら逮捕）	開拓使廃止３県制へ 空知集治監開庁
1884	明治 17 年	華族令制定	公・侯・伯・子・男の五段階の爵位に規定	自由民権運動頻発（群馬、加波山、名古屋、秩父）	
1885	明治 18 年	内閣制度創設	伊藤博文初代総理大臣に就任	清国と天津条約締結	金子堅太郎３県巡視復命書

1867年（慶応4） 大政奉還　1868（明1）王政復古 戊辰戦争

江戸時代＝幕藩体制から

- 政治体制・・・ 幕府による軍事政権(征夷大将軍)
- 地方制度・・・ 藩による分権支配
- 身分制度・・・ 将軍・藩主を頂点とする「士農工商」ヒエラルキー
- 財政制度・・・ 禄高制による分配構造＝基礎は年貢制
- 経済制度・・・ 米本位制

西欧をモデルとする近代国家へ

- 政治体制・・・ 天皇を君主とする立憲君主制
- 地方制度・・・ 中央集権のもとの地方自治制度
- 身分制度・・・ 「四民平等」と補完する華族制度
- 財政制度・・・ 地租を根拠にする金納による租税制度
- 経済制度・・・ 金本位制

1890年（明23）11月29日 明治憲法施行　第1回帝国議会

は、その当時を、自分が生きているかのようなイメージを持ちながら話を聞いていただくと、明治維新は何だったのか、日本の近代化はどういうふうに展開したのか、そして今の時代にどうつながっているのか、理解しやすくなるかと思います。

慶応三（一八六七）年、大政奉還。幕府・徳川家が政権を天皇に返した年です。江戸時代は征夷大将軍が政権を担う形の軍事政権で、その頭目が徳川家。それが明治元（一八六八）年の王政復古の大号令で、征夷大将軍という軍事政権でなく天皇が自ら政治をやると。武家から全部、政治のイニシアチブを天皇に戻してもらった。これが王政復古ですね。これは本当に革命ということだと思います。

上の図を見てください。

全国的な政治体制が崩壊する。地方制度も、藩による分権支配で、藩主の殿様がそれぞれの藩にいて、その下に家老や侍がいて、農家があってというような構造としての地方制度も転換する。身分制度も四民平等となった。これには二つの意味があって、一つは武士が侍という身分を失う、これが一番大きかった。もう一つは、被差別部落の廃止令です。

財政制度では、禄高制による分配構造で、ベースは百姓から年貢を取り立てるという仕組みで成り立っていたものですが、それが崩壊して金納による

明治2年秋、函館に開設された開拓使出張所
この時箱館は函館と改称されたが、しばらくは役所内でも混用されていた。

土方歳三
（ひじかた　としぞう）
天保6（1835）－明治2（1869）年
幕臣、新撰組副長、蝦夷共和国陸軍奉行並

榎本武揚
（えのもと　たけあき）
天保7（1836）－明治41（1908）年
幕臣出身、明治時代の政治家

租税制度となり、経済的には米本位制から、金本位制へと代わっていきました。幕藩体制といわれる江戸時代から近代国家に生まれ変わるということで、明治憲法が施行されて、第一回帝国議会が開かれて、いわゆるカッコ付きの議会制民主制、立憲君主制がとられるという形になって行きました。

■明治初期の北海道

北海道では、戊辰戦争の最後の戦いである箱館戦争は新政府軍の勝利に終わります。ご存じのとおり新撰組副長だった土方歳三が箱館の五稜郭で討死しますね。蝦夷共和国総裁の榎本武揚は命を助けられて、明治維新後もひじょうに大きな役割を果たします。謎に包まれた、おもしろそうな人です。

函館戦争が終結するのは明治二（一八六九）年五月ですが、その年の九月には開拓使の出張所が函館につくられています。ものすごいスピードですよね。

北海道開拓使の本部は東京、芝の増上寺に置かれました。面白いことに、増上寺といえば、徳川家の菩提寺ですよね。

当時の開拓使の指導者たちは、初代長官は佐賀藩主の鍋島直正。なぜ佐賀藩なのか。実力があったこともあるんですけど、軍事的な力をもっていた。

初代長官　鍋島直正
（なべしま　なおまさ）
佐賀藩主（明治２年７月13日～８月６日在任）

開拓使主席判官　島 義勇
（しま　よしたけ）
佐賀藩士（明治２年７月～３年１月在任）

二代長官　東久世通禧
（ひがしくぜ　みちとみ）
（明治２年８月～４年 10 月在任）

軍艦も、大砲も持っていました。この人が、幕末から、北海道を早く開拓しないとだめだと幕府に対してずっと提唱していました。それで、お前がそう言うなら、お前がちゃんとやれってことなのかもしれませんね。長官になったのですが病気で体が弱くて、北海道に行くような状況でなく二〇日余で辞任しました。

その横におっかない顔をしたおじさんがいますが、これが佐賀の家老だった島義勇、銅像が残っています。札幌市の区画、街づくり、都市計画をやり、かなりやり手だったらしいですが強引だったんですね。金もバンバン使ったそうです。左が二代目の長官東久世という公家です。公家の中でも武闘派というのがいて、この人も武闘派で、戦いになると先頭に立っていく人だったらしいです。そういうことで見込まれて北海道に派遣されたんですね。明治二～四年です。でも、島義勇さんと折り合いが悪くて、島さんを解任しました。島さんは、その後、地元に帰るのですが、佐賀の乱のときにリーダーに担ぎ上げられて、最後は斬首されます。

明治二（一八六九）年に函館に仮庁舎、出張所ができて、明治四（一八七一）年に札幌に開拓使の仮庁舎ができます。今の北四条東一丁目あたりですね。ごらんのとおり木造の建物で、お侍さんが刀をさして歩いています。

当時はこういう状態、まだ侍の世の中で、実際には侍が開拓使の用務にも

岩倉使節団（明治４年11月出発〜６年９月帰還）
左から木戸孝允、山口尚芳、岩倉具視、伊藤博文、大久保利通

開拓使仮庁舎（札幌）

あたっていたということですね。

明治四年、政府では藩を廃して県にする廃藩置県が行われますが、こうした中央集権化に反対する勢力もあったようです。結局は新政府のやり方が上手だったんじゃないかと思います。藩は県となり、知藩事（旧藩主）は失職、各県には中央政府から県令が派遣されることになりましたが、お殿様をそのままスライドさせるケースが多かったようです。

左は岩倉使節団です。総勢百何十人という政府の主要な人物が欧米へ行きました。西郷隆盛、江藤新平、板垣退助らは残りましたが、大久保利通、伊藤博文、岩倉具視、木戸孝允といった、明治政府の主要人物がこぞって一年半も日本を留守にして行っている。全世界というほど回っています。

目的は友好親善と先進国の視察と調査でしたが、不平等条約の改正が本来のミッションでした。これはいろいろと不手際もありましたが、日本に近代的な法整備が整っていないことを理由に不成功に終わりました。まだその時期じゃなかったんですね。

その報告書を見ると、市場、教会、その国の国土の状況、土地は肥えているかとか、人口密度はどのくらいとか、政治体制はどうなっていたとか、また教育制度、そして監獄制度、そういう当時の西欧のものを全部、見て記録してきているんです。

北海道開拓使本庁舎（明治６年）

初期開拓使の官員

明治維新から四年しか経ってない時に、政府の要人がこういうふうに行ってきたことが、日本はアジアの中で先進国になれたというか、一歩ここで日本が先んじることになったと思いますね。

一方、開拓使の官員、職員、官僚は、まだまるきりお侍さんです。どこかの奉行所にいそうな感じですが、足元をみると革の長靴をはいています。当時の状況を象徴していますね。

明治六（一八七三）年に開拓使の本庁舎が札幌に完成します。明治四年に仮庁舎を建て、六年に本庁舎ですから、すごいスピードですよね。

屯田兵制度は開拓と防衛の両方の任務を持たせるためのものですが、これを発想したのが西郷隆盛です。これはロシアのコサック制度を真似したという説があり、それをアドバイスしたのが榎本武揚だという話もあります。実際、明治四年に、西郷隆盛が桐野利秋という薩摩の部下に北海道の調査を命じています。桐野は、帰って来てから札幌に鎮台（駐屯地）を置くことを進言しているらしいです。明治五年に今度は西郷隆盛自身が北海道鎮台（司令官）を志望したらしいですが、当時、まだ岩倉使節団が帰ってきていない段階ですから、西郷が首都からいなくなったら絶対に暴動が起きると言われて断念したそうです。それだけ西郷は、一人で何個師団にも値するような重きを置かれたのですね。

整列する琴似屯田兵

その西郷は明治六年、征韓論で下野、代わって同年一二月、同じ薩摩の黒田清隆が屯田兵制度をつくります。明治七年には札幌の琴似に屯田兵村を置きました。今も記念館が残っています。当時の屯田兵募集のパンフレットにはフランス式のすごい姿がありますが、実際には上の集合写真にある通り、お百姓さんか下級士族そのままですね。

■ロシアの南下政策

安政五（一八五八）年、愛琿（あいぐん）条約がロシアと中国で結ばれてアムール川左岸がロシア領土になり、さらに万延元（一八六〇）年の北京条約でウスリー川東側の沿海洲もロシアの領土になりました。中国はアヘン戦争以後ずたずたにされて、そこにいろいろな国から領土を侵食される状態でした。当時の日本の政府要人たちはそれをつぶさに見ていますから、北海道なんて、すぐ占領されてもおかしくない状況だと、危機感を持つのは当然だったと思います。

屯田兵の正装　フランス式の短い紺の上衣。ズボンは横に赤い線の入った霜降りだった。

もう一つ、その後に問題になってくるのが朝鮮です。西郷隆盛、板垣退助らが征韓論を唱えるわけです。今からみると、朝鮮半島を征服するっていう

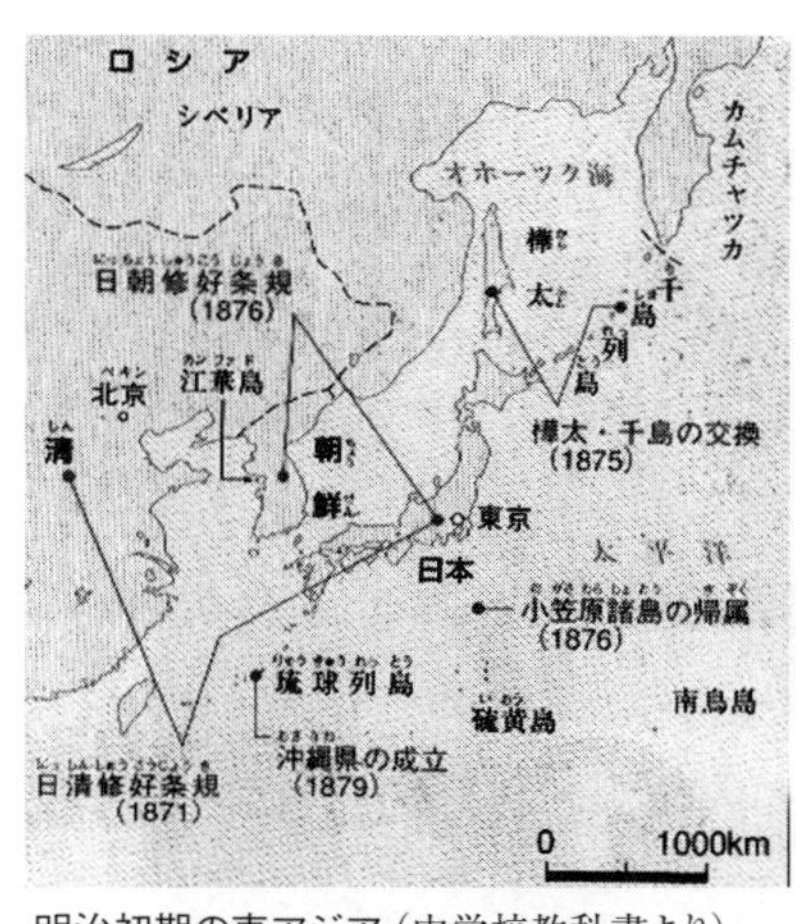

明治初期の東アジア（中学校教科書より）

1858 年 5 月　ロシア帝国は清国からアムール川（黒竜江）の北側の領土を割譲する愛琿（あいぐん）条約を締結。1860 年　太平洋側のウスリー川の東側の沿海州を清国との北京条約でロシア領土に編入。

ので、植民地主義とか帝国主義の臭いがしますが、西郷隆盛にしてみれば、当時朝鮮はまだ鎖国していますから、自分が乗り込んで行って、自分は殺されてもいいから、朝鮮の目を覚ますんだと。言ってもわからないんだったら戦争になっても仕方ないと、そんな理屈でした。結局、遣欧使節がヨーロッパを見て来て、日本の軍事力じゃ欧米にはとてもかなわない、だからまずは国力を蓄えなきゃならないんだという大久保の意見と、西郷の意見はぶつかって亀裂ができていきます。

当時、政府は矢継ぎ早に国境の確定をしていきます。朝鮮との条約を結んだり、明治八年には千島・樺太の交換条約でロシアとの国境を確定したりします。沖縄の帰属もこの時に決まります。その当時までは、明確に日本の領土だという概念はなかったんですよね。琉球処分によって沖縄県が設置されたのが明治一二（一八七九）年。中国との間でも条約を結びます。国際的にも、あるいは東アジアの中でも、非常に流動的なところから、明治維新で新しい政府になって、近隣の国との条約を重ねていくという動きがありました。

北海道が当時どんな感じだったかというと、こんな状態です。まさかり持って伐採しているような状況です。これが札幌の状況です。元町、丘珠、篠路村なんかは、もう湿地です。新川は、実は樺戸監獄の囚人たちが掘った

明治初期の開拓風景

明治初期の札幌近郊

元町付近

丘珠付近

篠路村

豊平川

樺戸集治監正門（明治15年頃、19年焼失）

ものです。豊平川はこんな状態です。当時は、陸上で運搬することは不可能だったので、豊平川は、木の輸送のために水路として使われていました。

樺戸集治監開設のいきさつ

明治新政府の施策に対し、不平不満が内乱となってあらわれ、当時、各地で士族の反乱が巻き起こります。佐賀の乱を皮切りに、熊本で神風連の乱、山口県で萩の乱、鹿児島ではご存知の西南戦争が起こります。そのため大量の国事犯（政治犯）が生まれ、本州でも収監できるところがないくらいの状況になってしまいました。

北海道に集治監をおくという構想は、もともと大久保利通が発案したものですが、明治一二（一八七九）年暗殺された大久保に代わり、伊藤博文がその方針を固めます。

そこで黒田清隆開拓使長官が適地の候補として挙げたのが、石狩川上流須倍都太（すべつぶと）（樺戸）、羊蹄山麓、十勝川沿岸の三ヵ所でした。伊藤博文は、現地の調査団の団長に月形潔を抜擢、明治一三（一八八〇）年の最初の調査から月形潔が派遣されることになります。

調査の結果は、十勝川の沿岸は、確かに森林も少ないし、アクセスもいい

右から司馬遼太郎氏、熊谷正吉氏、須田剋太氏（1978 年 9 月 5 日）

んだけれど、川の水位があまり無くて船が上流まで行けないということで没になりました。もう一つの羊蹄山麓も民家に近すぎるということで没になります。最終的に石狩川上流の須倍都太に決定します。

その後、樺戸集治監は明治一四（一八八一）年の九月に開庁し、調査団長だった月形潔が初代の典獄に任命されました。それと同時に月形村の歴史が始まるわけです。この最初の樺戸集治監の建物は、実は明治一九（一八八六）年に火事で焼けてしまい、今の博物館の建物に建て替えられています。当時の札幌の状況と同じく、切り株が残っていたりします。こんな状態からばたばたと今の監獄が作られました。

月形を訪れた著名人たち

この真ん中の人は、樺戸集治監の歴史の生き字引と言われていた熊谷正吉さん。二〇一六年の一二月に亡くなられましたが、博物館に陳列されている資料とかも全部自分で集めた方です。大正八（一九一九）年、監獄が旭川に移るというタイミングで、監獄で使っていたものを農家さんに配っていたんでしょうね。ふすまの下張りになっている紙や、囚人たちがつくった家具とかが農家さんの家にあったので、そういうのをこつこつ集めるような人でし

連載紀行 第400回
街道をゆく
北海道の諸道　司馬遼太郎　え・須田剋太
奴録

「街道をゆく」（司馬遼太郎　え・須田剋太）
1971年から25年にわたって「週刊朝日」誌上に連載された短編紀行文を朝日文庫に収録（全43冊）「もしも後に、私の仕事で残るものがあるとするならば、それは『街道をゆく』かも知れない。」

た。けっこうミーハーで、博物館を訪れる有名な作家さんとツーショットをたくさん撮っています。『街道をゆく』の取材で司馬遼太郎さん、須田剋太さんが訪れています。挿絵はほとんど、この須田剋太さんが描いています。司馬遼太郎が膝を屈して挿絵を描いて欲しいとお願いした人なんです。

司馬遼太郎の『街道をゆく』15巻には、次のようにあります。

> 月形潔は、幕末に刑死した福岡藩の志士月形洗蔵のなにかに当たるのではないか。
>
> 彼らの筑前福岡藩は明治になるとにわかに政治好きの風土をつくりあげるが、幕末では佐幕主義で、ひたすら事なかれが藩是（はんぜ）であった。その中でも、他藩士とまじわってさかんに政治運動をする者もいて、月形洗蔵などはその首領格として諸国に知られていた。

佐幕とは幕府に味方するという意味です。

> 維新政府を構成する薩長人のなかで月形洗蔵の旧知が多く、あるいは潔はその縁で出仕して、この石狩平野の東北端の野にきて、典獄をしていたのかもしれない。

ちなみに、月形洗蔵は潔の従兄で、月形半平太はもちろん架空の人物ですが、この月形洗蔵の姓と、土佐の武市半平太の名からとったといわれています。

山田風太郎（左）
（やまだ　ふうたろう）

吉村　昭（右）
（よしむら　あきら）

松本清張
（まつもと　せいちょう）

妹尾河童
（せのう　かっぱ）

武田泰淳
（たけだ　たいじゅん）

月形には大勢の作家さんたちが訪れています。

妹尾河童は『河童が覗いたニッポン』で樺戸博物館を紹介してくれています。

松本清張は、熊谷さんの『樺戸監獄』には、昭和五五（一九八〇）年五月六日に訪れたと書いてますが、来館者名簿には名前がないそうです。

北大の文学部教授だった武田泰淳は、芥川賞とった人で、北海道開道一〇〇年のときに、雑誌『太陽』に月形に来たときの紀行文を載せました。それからご存じ吉村昭。熊谷さんが囚人墓地を案内したときの写真です。『石狩川紀行』に始まって『赤い人』まで都合四回ほど来ているそうです。

最後には『地の果ての獄』の山田風太郎。樺戸を舞台にして歴史上の人物も登場しますが、フィクションです。『甲賀忍法帖』や、『魔界転生』だとか、忍者モノはアニメにもなっているそうです。山田風太郎は実はあんまり取材に行かないそうなのですが、樺戸だけには来たそうです。

月形を舞台にした本はたくさんあります。

松本清張の『疑惑』の中の「不運な名前」、吉村昭『赤い人』、山田風太郎の『地の果ての獄』、司馬遼太郎の『北海道の諸道』、最近では、岩見沢養護

学校の成田智志さんの『監獄ベースボール』、それから月形潔の出身地、福岡県中間市の桟比呂子さんの『評伝　月形潔』。葉室麟『月神』は、月形洗蔵と彼の志を継いだ月形潔を主人公にした歴史小説です。そして若林滋『流刑地哭く』、古くは寺本界雄『樺戸監獄史話』、中島正男『樺戸監獄雑話』…私の知らない本も出ているかも知れません。

函館とか札幌とか小樽とかは別にして、こんな小さな町でこれだけ舞台にとりあげられた町は、月形しかないだろうなって思います。

この後は、これから六回にわたってお話しするテーマを簡単にオリエンテーションしていきます。

第二講　月形潔の生きた時代

第二回目に取り上げるのは「月形潔の生きた時代」――幕末から維新の激動の波に翻弄された福岡藩が舞台です。幕末から見ていきますが、実はその渦中、当時一九歳くらいの月形潔が関わることになります。政治の中心に関わって、その中でいろんな経験をしていきます。自分なりに追っかけて四つの事件に関わったことはまとめましたが、評伝を書かれた桟比呂子さんもほ

初代樺戸集治監典獄 月形潔（つきがた きよし）
弘化3（1846）─明治27（1894）年
福岡藩士の子として生まれる。明治14年35歳にして初代樺戸集治監典獄に任ぜられる。
足掛け5年の激務の末、病魔に侵され39歳で辞職。福岡県に帰郷し療養するも、明治27年45歳の若さで早逝する。

ぼ同じ文脈で考えています。

月形潔は明治政府に対して意見書を出し、非常に画期的な監獄を提案しています。たとえば、農業監獄を提案しています。簡単に言ってしまえば、囚人たちに開拓をさせ、その開拓した土地を、刑期を終えた囚人や民間人に払い下げて、村を作っていく。それができたら集治監ごと移って行って、そこをまた開拓してという形です。当時の明治政府の思惑、国家的なプロジェクトの思惑が関わっているので実現させたかったのですが、色んな要因で実現は叶いませんでした。

ただ、彼の精神はそこに見え隠れしていて、提案から実現に向けての動きの根底には、彼の生い立ちだとか経験だとかがあったと思うんですね。思想的なバックグラウンドとしては、いとこである月形洗蔵や、その当時、付き合いのあった人達が挙げられます。もう一つは、彼には二面性があって、反政府的な士族に対してシンパシーを持っていたのもあったのかな、と思います。月形潔は最初に大久保利通に拾われているんです。佐賀の乱の頃、若い時、大久保利通に連れられているんです。だから、大久保利通の国家ビジョンとかにはものすごく傾倒していたんじゃないかと思います。

アトサヌプリの硫黄運搬図（明治 20 ～ 29 年）

空知集治監の跡

第三講　鉱山と道路と監獄

次に、樺戸集治監も含めて、囚人なり、監獄なりの一番大きな役割として、石炭・硫黄鉱山の開発と北海道初期の道路開削が挙げられます。

まず、鉱山開発です。レンガ造りの煙突は三笠集治監の跡です。これしか残っていません。三笠にある幌内炭鉱掘削に囚人たちがかなり使われています。三笠に空知集治監が出来たのは、樺戸集治監が出来た明治一四（一八八一）年の次の年、明治一五年のことです。かなり矢継ぎ早ですよね。

実は明治一五年に、もう一つ大きなことがあります。鉄道が小樽から幌内に敷かれます。炭鉱で掘った石炭を鉄道に乗せて小樽まで運ぶことになるんですが、幌内は良質で豊富な石炭があるってことで早くから目をつけられるようになります。そこにも実は榎本武揚も関わっています。

次が屈斜路（現弟子屈町）のアトサヌプリ（跡差登）という硫黄山です。これにも囚人労働が充てられています。明治一八（一八八五）年、釧路集治監が標茶にでき、そこの囚人たちが硫黄鉱山の採掘に充てられるのですが、硫黄ですから、亜硫酸ガスで非常に多くの囚人が失明してしまいました。体を壊す囚人たちも多く、三代目の典獄で、「監獄ベースボール」で知られるクリスチャン典獄大井上輝前（おおいのうえてるちか）が採掘をやめさせています。

囚徒峰延道路開鑿の図（明治 20 年）

次に道路についてです。図は樺戸道路（峰延道路）と呼ばれている月形から三笠までの道路を作っている絵です。これはおそらく江戸時代から日本で培われてきた土木技術をつかって道路を作っていたのだと思います。

金子堅太郎という、外務大臣を務めた後に政府の要人になった人が、明治一八（一八八五）年に北海道の囚人を道路開削に充てるべきだという意見書を出します。囚人たちは元々、悪い事をした人間なのだから、途中で倒れて死んでしまっても監獄の経費が浮くだけであるし、そうして進めていけば、予算が底をついていた北海道の開拓も一挙に進むだろう、というわけです。意見書が出される前までは月形潔のいう農業開拓が囚人たちの主な仕事だったのですが、明治一八、一九年頃を境に、道路開拓に囚人たちを派遣して道路開削を一気に進めるというのが囚人たちの仕事になりました。

囚人たちが減っていく一方では困るので、本州からたくさんの囚人が北海道に送られていました。本州では囚人が溢れている状態でしたが、内地に新しく監獄を作るというよりは、道路開削や鉱山開発などの仕事がある北海道に送ろうという政策でした。ある意味、残酷で非常に冷酷な政策ですけど、逆からすると非常にクリエイティブといえるかもしれません。マイナスをプラスにかえている訳ですから。

ただ、これには欧米にモデルがあり、それも学んできているのです。北

米やオーストラリアが先駆的でした。オーストラリアは囚人の流刑地で、そこからオーストラリアの開拓が始まったんです。

当時の囚人たちの中で士族の割合というのは実はあまり大きくないんです。よく内乱の西南戦争に参加した士族たちが樺戸に送られたと言われるんですが、実際に調べてみるとそこまで多くなかったんです。確かなことは言えないんですが、反乱士族と、その後の自由民権運動で捕らえられた政治犯は扱いが違う様な気がします。やはり同じ侍の士族ということで、相身互いみたいなのがあったのかもしれません。西南戦争で捕えられた士族は内地の監獄にけっこう入れられているんです。

そこで想像されるのは月形潔のことです。当時の明治政府からすると福岡藩というのは負け組でした。「薩長土肥」と言うとおり、山口や鹿児島はじめ、佐賀や高知出身の者も政府の要人になっていきましたが、幕末まで有力だった福岡藩からはほとんど要人が出ていないんです。なぜ、要人が出ていないのかという問題もあるのですが、月形潔が樺戸集治監のトップとして派遣されたのは、逆に負け組であったことで、当時の囚人の恨みを買わずにすむだろうということもあったのかもしれません。もし薩摩の、あるいは長州の人間が典獄をやっていたら、反発は大きかっただろうと思います。

当時は明治政府の堕落に対してかなり批判がありましたから。長州の人たちは給料がすごく高かったり、立派な屋敷に住んだりしていました。鹿鳴館ができて、ご存知のように慣れないダンスをしたりします。社交界っていうものが日本にも出来たんです。西洋の猿真似とか揶揄されていました。

一方で、庶民は時代の流れに翻弄され、松方デフレですごく苦労して、本当に塩をなめて生きているのに、彼らは何なんだっていう批判が出る訳です。その批判は士族の反乱の一つの原因でもありますし、自由民権運動にもつながっていきます。

とにかく、その時にたとえば薩摩だとか長州の人間が樺戸集治監の典獄として来ていたら、命がけで刺し違えようとする輩が出てきたかもしれません。とにかく、北海道の未開の地に監獄を作る訳ですから、暴動が起きたらどうなるかってことなんです。暴動する方にしても、よほどちゃんとした船でもないと逃げられない。山の中に入っても迷うのが関の山。本当に迷って死んだ人もいっぱいいいました。熊はいるし、当時はオオカミもいました。そういう意味では、ある意味、看守や典獄、囚人たちは運命共同体だったんですよ。

釧路集治監初代典獄
大井上輝前（おおいのうえ　てるちか）

獄事叢書（明治27～29年刊）
キリスト教教誨師・原胤昭が囚人更生のために改良しようと起こした監獄改良運動の機関紙。樺戸集治監で発行された。

第四講　日本の社会事業のさきがけとなった人々

次は「監獄ベースボール」をやった三代目の典獄の大井上輝前（おおいのうえてるちか）。この人は、愛媛の大洲藩の武士の子で、留学してアメリカの政治だとか学びました。そして最初は榎本武揚とか黒田清隆の下で、外務省的な仕事もしていました。英語とロシア語ができたんです。千島・樺太交換条約の時に事務方を務めています。月形潔のように、釧路集治監の場所選定の調査をして、標茶に作ることを決めたのもこの人で、典獄になりました。

写真（次ページ）は、教誨堂という、樺戸集治監の囚人たちに「悔い改めよ」と説教する場です。この建物は完全にキリスト教の教会ですよね。こういうのを作って、囚人たちを教えていたといいます。

『獄事叢書』という古びた本があるんですけど、ある意味、教誨の業界誌ですね。これを樺戸で出版していました。ここから全国の監獄に発信していました。これも大井上が集めたキリスト教プロテスタントの教誨師たちがやった仕事です。ですから、その当時は北海道の樺戸集治監が全国の監獄改良の拠点だった。その時樺戸に、その後の日本の社会事業の先駆けとなる人たちがたくさん来ていたんです。

その意味で教誨師にとって樺戸集治監はまさに登竜門でした。特に同志社

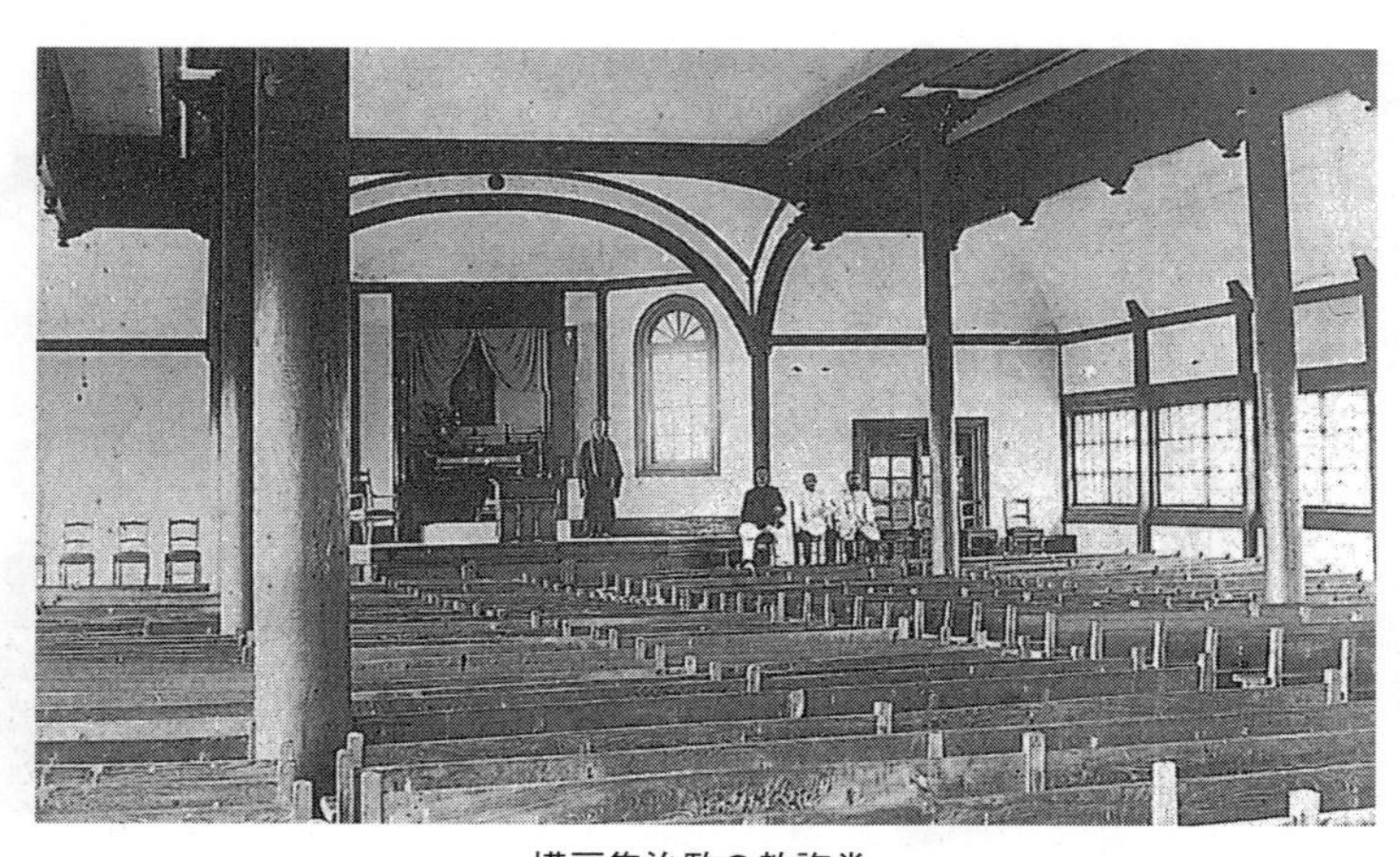

樺戸集治監の教誨堂

出身者にはルートが出来ていたんですね。新島襄も空知集治監に視察に来ているんです。フィクションを交えて山田風太郎の『地の果ての獄』に出て来ます。同志社の出身者が監獄に来て、そこで日本社会の地盤の矛盾というか、虐げられているところをまず目の当たりにして、日本の社会改良のモチベーションを高めて、場合によっては海外に留学したり、他の地方に行って社会活動をしたりする人が出てきました。

第五講　獄窓の自由民権者たち

次は自由民権運動についてです。自由民権運動は大きく二期に分けられます。最初の方は士族民権といって、旧士族、お侍さんたちが民権運動をします。板垣退助だとかはそうですね。もう一つが豪農民権で、豪農層が民権運動に走ったものです。

なぜ豪農民権かというと、当時の社会構造に根を発していて面白いんですが、一つはやっぱり財政的にそういう活動できる資金力があった。もう一つは、豪農は地域にとっても農家にとってもリーダーで、信頼もあったし、責任も持っていた人たちです。農民を苦しめていた政府の政策に対して義憤を持った人たちが立ち上がって、今の政府を転覆させなきゃだめだっていう革

河野広體
（こうの　ひろみ）

宮部　襄
（みやべ　のぼる）

奥宮健之
（おくのみや　けんし）

命運動に入ります。要するにテロです。加波山事件もそうですが、段々と追い詰められてしまい、最終的に爆弾闘争に走っちゃうんです。

豪農たちの中には、後先考えずにただ爆弾闘争してひっくり返して、という層もいたと思うんですが、政府を倒した後、憲法を自分たちで考えてしまうような、そういうビジョンを持っていた層もいました。実際に出所してから選挙に出て、国会議員になる人たちも何人もいるんです。当時は確か恩赦があって、早く出所することも可能でした。

たとえば、名古屋事件で捕らえられた内の一人に奥宮健之っているんですけど、この人も実は出所してから国会議員に当選するんです。その後、共産主義、社会主義に傾倒し、幸徳秋水（こうとくしゅうすい）に師事、大逆事件を起こす。最終的には死刑になっちゃうんですけどね。獄に入れられた自由民権者たちの中には宮部襄もいますし、河野広中の甥である河野広體（こうのひろみ）もいます。そういう人たちがぞろぞろいたんです。監獄の中でも非常に人望集めていて、囚人の中でリーダーになる訳ですよ。そうすると看守は、自分たちよりも知的レベルも高く、人望も厚いので、自由民権者たちをすごく大事にするんです。この人たちは、非常に待遇が良くて、本も与えられていたし、英語やドイツ語などの勉強も許可されていました。僕らの抱く当時の監獄のイメージと違いますよね。確かに、現場段階でこの人たちの人格を評価し、認めて、現場の看守とかが許

板垣退助
（いたがき　たいすけ）

可したのかもしれない。もっと広い意味で、政府は自由党とつながっていますから、政治的な配慮もあったんじゃないかと思います。

これは有名な話なんですが、明治二四（一八九一）年の八月一三日、自由党の当時の代表、板垣退助が空知集治監を慰問して、国会で報告したりするんです。自由民権運動の扱いを間違えると、すぐ国会で取り上げられて、また世界で運動が広がる訳ですよね。そうすると、日本の政府は何をやっているのだ、まだ近代国家になってないぞ、と囚人に対して非常に過酷な扱いをしているということを世界に広められてしまい、条約改正が上手くいかないってことになるんです。

自由民権運動の人たちっていうのはある意味、リトマス試験紙です。当時、日本にとって大きな国家的課題だった不平等条約の一つに治外法権がありますよね。治外法権というのは、条約上有利な国の外国人が日本で犯罪をおかしても、日本の法律に基づく裁判からは免れるというもので、こうした不平等を解消し、対等にもっていくためには、監獄自体が近代化されてなければいけない、そういう理屈になるんです。クリスチャン典獄の問題も自由民権運動の問題も、そこにつながってくるんですよね。

新撰組 副長助勤 二番隊隊長
永倉新八（ながくら　しんぱち）

山岡鉄舟揮毫の道場看板

第六講　樺戸監獄剣術師範　永倉新八

新撰組の四天王と呼ばれた永倉新八は、五年間樺戸集治監で剣術師範をしていました。池波正太郎の『幕末新選組』に、彼が樺戸監獄に来た経緯とかを書いてあって、謎に包まれている部分もだけど面白いです。

この修武館という額は、実は今、月形にありません。旭川刑務所の所長の部屋に飾ってあるという噂ですが、これを書いたのは山岡鉄舟です（※二〇一九年からは月形町役場に保管されています）。幕末に勝海舟と西郷隆盛が江戸城で無血開城しますよね。あれを段取りしたのが山岡鉄舟です。山岡鉄舟は幕臣で、勝海舟の腹心だったんですが、敵味方が戦っている中をくぐり抜けて西郷隆盛のところまで行き、勝海舟が対談したがっているという事を伝えます。度胸があって剣も強くて頭もよかったそうです。実はこの人が新撰組永倉新八と関わっていて、橋渡しをしたんじゃないかと考えています。

第七講　熊坂長庵と藤田組贋札事件

明治の最大の冤罪と言われている、藤田組贋札（がんさつ）事件というのがあります。真犯人とされ、樺戸で獄死した熊坂長庵の資料が樺戸博物館にありますね。

熊坂長庵
（くまさか　ちょうあん）

藤田伝三郎
（ふじた でんざぶろう）

松本清張も「不運な名前」で結論は言い切ってないように、結局は謎に包まれていますが、実は現代につながる謎なんですよね。

藤田組の藤田伝三郎は、もともと井上馨や伊藤博文と同じ長州の政商だったんですね。幕末から、尊王攘夷の志士たちに資金提供して彼らを支えていた。その人たちが、明治維新になってから政府とつながるようになります。

たとえば西南戦争のときに、藤田組は軍靴をつくって供給することで大儲けします。有名な椿山荘はもともと藤田組贋札事件で逮捕された藤田組の代表、藤田伝三郎の持ち物なんですね。それを一時、後の総理大臣になる長州の山県有朋に寄贈し、山県有朋の私邸になっていました。あと有名なのは箱根の小涌園。それと藤田観光の系列で同和鉱業というのがあります。同和鉱業は、銅の精錬所を持っていて、日本ではかなり有力な企業です。そこから日産コンツェルンになって、エナジー、JXグループなど、山口県近辺の近代工業の先駆けとなる企業が出発しているんです。

その藤田組に疑惑があるんですよね。要するに原点の資本の蓄積の点で贋札事件をやったんじゃないかということです。北森鴻の『蜻蛉始末』という、疑惑を否定する本なんかもありますが、疑惑のままです。

再び行刑のまちへ

樺戸監獄は大正八（一九一九）年に廃監となり、三九年の歴史を閉じました。それから戦後になって東京の都市化が進み、たくさんの思想犯を収監してきた中野刑務所が移転─閉鎖を迫られていたときに、誘致の手をあげたのが月形です。こうして昭和五八（一九八三）年に現在の月形刑務所が開庁し、平成八（一九九六）年には月形樺戸監獄博物館もオープン、月形はふたたび行刑のまちとして歩みはじめたわけです。

そんな私達のまち月形町の、ルーツにかかわる集治監の歴史を学ぶことで、これからの地域やこの国の将来を考えるひとつの視点になれば、と思います。どうか、最後までお付き合いよろしくお願いします。

第2講

2017.8.23

監獄にかけた半生
月形潔の生きた時代

時代背景のおさらいから…

一八六七年に大政奉還、これは徳川慶喜が征夷大将軍を返上して天皇陛下、朝廷に政治を一回返しますよということです。次の年の一九六八年が明治元年で王政復古、要するに鎌倉以来の武家の政治をやめて、朝廷が自ら政治をする王政に戻すということを経て、薩・長・土佐藩を中心に明治政府が樹立されます。ここから新政府軍とこれに対抗する旧幕府勢力との間で戊辰戦争が始まります。西洋社会でいえば、いわゆる革命です。

江戸時代は幕藩体制、つまり幕府と藩、将軍と大名という封建的な主従関係をもとにした社会体制だったわけで、それが一気にヨーロッパ、アメリカをモデルとする近代国家に転換するという時代でした。ですから、あらゆるものが変化していきました。政治体制や地方制度が変わる。身分制度も財政制度も変わる。そして経済や金融も変わる。明治維新と一口で言ってしまうけども、これだけ短期間に社会体制が全部変わってしまうことだったんですよ。最終的には明治二二（一八八九）年に明治憲法が発布されて、翌年に第一回帝国議会が始まります。

重要なのは、この明治憲法を誰が作ったかということです。ここに明治維新の本質というか、日本の近代化の本質があると僕は思っています。実は憲法は天皇が作ったんですよ。欽定憲法って言うでしょ。もちろん、憲法の条文を天皇が考えたわけではありませんが、天皇が定めたという形をとったということです。「欽」というのは天皇という意味です。憲法ができてから、その後に議会ができます。議会や国民が憲法を作ったわけじゃないんですね。ここが今の時代と大きく違うところなんです。形式上ですが非常に大きな国の成り立ちの根本に関わるところなんですね。天皇が憲法を作って、そのもとに議会があって、そこにいろんな代表が集まって話し合う、それが明治維新の大きな意味なんですね。

北海道ですが、明治二（一八六九）年に戊辰戦争が終わり、函館に開拓使が置かれて、蝦夷地が北海道と改称されます。明治四（一八七一）年七月に廃藩置県をしてすぐの一一月、岩倉使節団がアメリカ及びヨーロッパ諸国に出発します。明治六年には札幌に開拓使の本庁舎が完成し、岩倉使節団も帰ってくるのですが、直後に征韓派の西郷隆盛らと袂を分かってしまうんですね。歴史で習ったものです。

当時、日本にとってはロシアの南下が大きな課題だったので、西郷隆盛は北海道に鎮台、要するに師団、軍隊を置いて、ロシアからの防衛にあてようとし、自ら北海道に行くと言い出したらしいです。留守政府を預っていたため、東京を離れると反乱が起きてしまう、ということで周囲から止められた

「西南戦争と福岡の変」

明治六年一〇月、維新の最大の功労者である西郷隆盛は、板垣退助や江藤新平ら征韓派の参議たちともに下野し、幼なじみでもあり、ともに手を携え維新を切り開いた盟友・大久保利通と袂を分かち、鹿児島に引き揚げたのだった。

これが「征韓論政変」と呼ばれ、大久保ら内政を重視する「内治派」が維新政府の主導権を握り、以後の日本の進路を決する岐路となった。

その後鹿児島では、西郷が設立した私学校を中心に帯刀武装した士族が県政を取り仕切り、さながら独立した軍事国家の様相を呈するようになっていった。中央集権的近代国家へと改革を急ぐ明治政府にとっては、最南端の鹿児島の状態は、重大な懸念にとどまらず、いつ爆発するかわからない火薬庫ともいうべき化膿の種であった。

列強ひしめくアジアの一角でようやく成立した明治日本。近代国家の基盤確立を急ぐ大久保利通は、国家観そのものを異にするようになったかつての盟友西郷との衝突は避けられない、と覚悟するに至り、周到かつ果断に決戦への準備を進めていった。

明治十年二月、たびたびの政府による挑発に憤激する部下を抑えきれず、ついに西郷隆盛は決起した。我が国最大にして最後の内戦といわれる西南戦争は始まった。

その後、七か月に及ぶ激烈な戦闘が続いた末、軍略・装備・兵站ともに近代化した政府軍の勝利に終ったの

2

サトニクラス　ふるさと歴史散歩

月形潔

明治日本の影を担った半生

らしいですけどね。これが北海道の明治以降のあり方を規定する大きなベースになります。のちにそれに従って、同じ薩摩出身の黒田清隆が屯田兵制を創設し、屯田兵が北海道に入ってくるようになります。

それから日本は周辺諸国と国境の確定や条約を精力的に結ぶようになります。でも北海道の内陸部、札幌周辺でさえも未開の状態でした。そこで集治監を北海道に作るということで、伊藤博文が月形潔を派遣するという流れになりました。

そして、いよいよ本題に入ります。今回テキストにするのは「サトニクラス　ふるさと歴史散歩　月形潔　明治維新の影と歩んだ男」。二〇一三年にサトニクラス会員向けに配布したものです。

> 以下、太字は、資料「サトニクラス　ふるさと歴史散歩　月形潔　明治日本の影を担った半生」より引用。

「月形潔　明治維新の影を担った半生」

■はじめに――

私たちサトニクラスのふるさと月形町は、北海道でも例を見ない歴史を背負ったまちです。そのルーツは知る人ぞ知る樺戸集治監。明治一四（一八八一）

月形　潔（つきがた　きよし）
弘化3（1846）年—明治27（1894）年
福岡県出身。青年期は国事に奔走し、維新後は大審院少検事や内務省権少書記官などを歴任。明治13年に北海道に集治監を設置することが決定すると、北海道に出張を命ぜられシペツプト（現在の月形町）を選定し、翌明治14年には樺戸集治監の初代典獄に任命された。同年に置かれた月形村の村名は、月形潔の姓に由来する。月形は樺戸・雨竜・上川三郡郡長も兼ねたが、4年後に病のため北海道を去り、明治27年に没した。
（wikipedia　より）

年、開拓間もない北海道に初めて集治監（刑務所）の開設とともに、月形町が（当時はスベツプト＝アイヌ語で川の合流地点の意）開かれました。アイヌ語に由来する地名の多い北海道ですが、月形の名は、樺戸集治監の初代典獄である元福岡藩士・月形潔の苗字にちなんだものです。

月形潔は、明治一三（一八八〇）年の集治監の候補地の選定作業からこの事業の中心人物として深くかかわってきました。翌一四年には、はやくも集治監開設にこぎ着け、物資、人員悉く不足の中で、人跡稀な地での難事業を軌道に乗せたのでした。しかし好事魔多しの諺通り、身命を捧げた五年間の激務は、さしもの頑健な彼の肉体をむしばんでいたのでした。

郷里福岡から家族共々戸籍を移して、この地に骨をうずめる覚悟の赴任でしたが、病には勝てず、明治一八（一八八五）年夏、月形潔は四二歳にして職を辞し、出身地福岡に帰郷することとなったのでした。

この北海道での五年間を除いて月形潔という名前は、歴史の表舞台には登場していません。しかし、さまざまな文献資料にわずかに残された彼の足跡を辿るうち、幕末から明治期への激動の時代に、彼が貫いてきた生きざまが垣間見られてきました。

彼の少年期は、尊王攘夷の嵐が吹き荒れる幕末。勤皇、佐幕と揺れ動く郷里福岡で国事に奔走したといわれています。福岡藩は明治維新では、日和見に終始した結果、薩長の後塵を拝し、新政府の要路に顕官を送り込むことはできませんでした。

そのなかで、官途を得て内務省（警察）官僚の末端に連なった月形は、幾多の事件の渦中に身を投じる中で頭角を顕し、やがて開拓途上の北海道初の集治監典獄という、歴史上かつてない重要かつ過酷な任務を託されることになるのです。そこに至る経緯には、私たちが通常理解している歴史とはまた違った真実が見えてきます。わが町の開祖ともいうべき一人の人物の半生を辿ることから、北海道そして日本が辿ってきた歴史の、これまで光の当たっていない一面を知ることができます。

そのことが、現代に生きる私たちにとって何かのヒントになればと考え、サトニクラス会員の皆様に拙稿を頒布させていただくことにしました。今回から一年間のシリーズでお届けする予定ですが、果たして最後まで全うできるか、無謀な企みに終わるか、どうか温かく見守っていただくことを念じるばかりです。

平成二五年六月一五日　楠　順一

開拓使長官　黒田清隆（くろだ　きよたか）
天保11（1840）年―明治33（1900）年
薩摩藩士、陸軍軍人、政治家

内務卿　伊藤博文（いとう　ひろぶみ）
天保12（1841）年―明治42（1909）年
長州藩士、政治家

一．薩摩王国だった明治初期の北海道

明治一三（一八八〇）年、北海道開拓使長官は黒田清隆。当時、薩摩の実質的なリーダーの地位にあり、また箱館戦争の参謀として手腕をふるったときから北海道に関わり、明治六（一八七三）年開拓使次官として「屯田兵制度」を建議―創設するなど、名実ともに最高責任者として北海道開拓を指揮していた。彼の差配の元、開拓使の要職は全て薩摩（鹿児島）出身者で占められていた。

明治一四（一八八一）年、北海道三県（函館、札幌、根室）に分割されたが、それぞれの長（県令）にも薩摩出身者が充てられた。一方、北海道の内陸部は札幌以外殆んど開拓が進んでいなかった。そのため内務省直轄の樺戸集治監が須部都太に設置されると、樺戸郡、雨竜郡、上川郡（現在でいえば、空知、上川と石狩の一部）を集治監が統括することになった。

典獄には、集治監の長であると同時三郡の行政、司法、警察の長を兼ねるという絶大な権限が与えられ、その要職に、福岡出身の月形が任じられたのだった。それは、さながら薩摩王国といった様相を呈する北海道の中央部に一本の楔（くさび）を打ち込んだかのようだ。後ろ盾は、木戸孝允亡き後の長州閥の実力者、内務卿伊藤博文。のちに見るように、維新政府の要路にただ一人も福岡藩出身者がいない中で、月形が薩摩閥ひしめく北海道に投じられたのは、偶然ではないように私は思う。

一つには、当時の囚徒たちの中には反乱士族も多く含まれており、彼らの薩長藩閥政府に対する恨みは尋常なものではなかったと推察される。囚情定まらぬ設立当初の監獄において、薩長出身の典獄ならば囚徒達の怨嗟の的となるのは火を見るより明らか。維新で冷や飯を食った福岡出身者の起用によって、その矛先を逸らす狙いではなかったか？

もうひとつは、月形潔の類まれな胆力・決断力と忠誠心を見込んで、「薩摩王国」の北海道での孤独な難事業を託すことで、同時にその後の長州閥の足がかりにしたかったのではないか？（事実、明治一八（一八八五）年、月形潔の後任の二代目典獄になったのは、長州出身の安村治孝であった。）

月形潔は明治初年、大久保利通に引き立てられ福岡藩権少参事（警察官僚）として頭角を顕したのち、長州「内治派」と称される伊藤博文らに通じる人脈に連なっていった。そのきっかけはおそらく後に見るように、筑前勤王党の首領であった従兄（いとこ）の洗蔵のつながりから始まったと思われる。

しかし維新政府の官職を昇ってゆく月形潔の背中には、後に詳述する幕末から維新へ激流に翻弄された郷里福岡藩の不幸な歴史が重くのしかかっていたのだった。

札幌農学校初代校長　調所広丈（ちょうしょひろたけ）
天保11（1840）年－
明治44（1911）年
薩摩藩士、官僚、政治家

根室県令　湯地定基（ゆちさだもと）
天保14（1843）年－
昭和3（1928）年
薩摩藩士、内務官僚、政治家

函館県令　時任為基（ときとうためもと）
天保13（1842）年－
明治38（1905）年
薩摩藩士、内務官僚、政治家

今の話を簡単にまとめると、伊藤博文は大久保利通が死んだ後、山県有朋と並ぶ日本の最高権力者に近い状態になっていました。伊藤は月形潔を月形町に派遣したんですけど、当時の北海道は、それは見事に薩摩が支配していました。長官が黒田清隆で、函館県令が時任為基。俳優の時任三郎の祖先です。根室県令に湯地定基。それから札幌農学校（開拓使仮学校長）の初代校長に薩摩藩家老調所広郷（ずしょひろさと）の三男の調所広丈、戊辰戦争に従軍し、函館戦争に参加しました。それからご存知、永山武四郎。旭川に永山ってありますよね。そこの屯田兵の村を開いた人です。ほとんど全部といっていいほど、薩摩出身者でしたが、北海道の開拓は上手くいっていませんでした。豊平川を下って、石狩川を遡って行けば、一昼夜で須倍都太、月形に着くわけで、伊藤はそこに監獄を作らせたということですね。

■ **集治監予定地を調査「北海回覧記」**

明治一三年　月形は内務卿　伊藤博文の命を受け北海道に設置する予定の集治監適地の調査に派遣された。その時の月形の報告書が「北海回覧記」である。当時の北海道各地の状況をうかがわせる貴重な歴史的資料だ。（月形町樺戸博物館収蔵）

一行のおもな足取りは以下の通り。（地名は当時のもの）

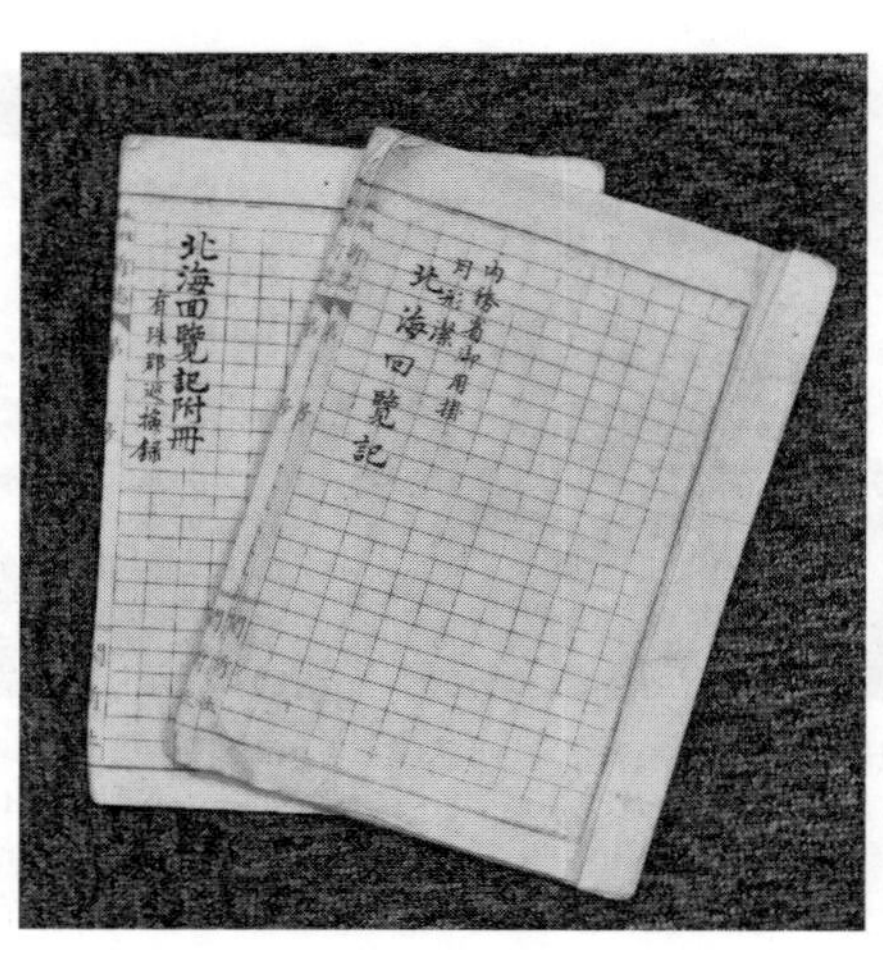

『北海回覧記』

明治一三年

四月一八日　横浜を出発

同　二一日　函館着

七重村　勧業試験場　湯地定基と懇談

植物園、牧場視察　函館監獄署　視察

二二日～二五日　準備

二六日　七重村　藤山村　蓴菜沼村　宿野辺村　森村着

阿部重吉宅に泊

二七日　森港出発　室蘭着

仙台藩家老田村顕允らから監獄誘致の懇願を受ける

二八日　札幌本道を通り白老村　苫小牧村泊

二九日　植苗村（鹿肉缶詰製造所視察）千歳村　島松村　札幌泊

開拓使大書記官調所広丈　権大書記官鈴木大亮と面会

樺戸郡須倍都太を推奨される

五月一日　樺戸調査の打ち合わせ

札幌監獄署視察

開拓使工業局の製粉所、木工所、麦酒　醸造所等視察

月形ら一行は、この日豊平川を下り、陸路と海路を使い分けて石狩川中流部を目指す。

五月二日　雁木村着。九名のアイヌ雇用、大型丸木舟三艘に分乗し豊平川を下る

対雁村着　村内アイヌ住居等視察

駅逓取扱人小笠原長吉宅に宿泊

三日　陸路で恵別村着　屯田兵村指揮官栃内源吉宅で小憩

村内視察　丸木舟四艘により石狩川遡行

幌向太村上陸、午食。午後、三里ほど遡行し野宿

濃霧に包まれる

四日　早朝から遡行　二里ほどで幌美里を過ぎる

美唄達布付近で増水急流に難儀する　須倍都川との合流地点に着く。

須倍都川右岸に上陸　三昼夜を費やし、ついに須倍都太に到着。

狩りのため野宿していた生振村のアイヌ「レコンテ」に会い案内を請う。休む間もなく、現地調査に取り掛か

る。

五日　早朝より現地踏査開始「レコンテ」の案内で北に向かう。
須倍都山（現円山？）より地勢を俯瞰する。壮大な景観
に驚嘆する。
樹種調査。平原の地味調査。団員全員が集治監建設に
最適の地として一致。
午後「レコンテ」に米と酒を謝礼として贈る。
石狩川を下る。強風降雨に遭う。五時、幌向村に到
着。白岩広次宅に宿泊。

六日　早朝より石狩川を下る。午前一〇時対雁村にて小憩の後、
豊平川遡行。一里半の地点で増水、急流のため遡行を
断念。
荷物を残し上陸　徒歩にて札幌に向かう。
午後四時　札幌着。
小田部三郎兵衛宅にて、海賀ら別働隊と合流　夕食
後、調査結果報告会。須倍都太を適地と判断。

海賀直常らは別働隊として有珠郡方面の調査に従事しており、この日札幌

で合流した彼らは、それぞれの調査を報告しあい、最終的に監獄適地を「須倍都太」と判断したのだった。

ところで吉村昭の名著『赤い人』には、円山と思しき山から望むこの地の地勢に魅了される月形らの姿が描かれている。

月形は眼下にひろがる景観に眼をみはった。丘陵と丘陵の間に谷がきざまれ、大地がはげしく波打っているようにみえる。樹木が隙間なくおおい、まばゆい陽光を浴びて緑の色が鮮かであった。丘陵の間に平坦地がはさまっていたが、丘陵の尽きた地点から広大な平原が果てしなく広がっていた。

随行の吉川ら団員たちも、壮大な景観に感嘆の声をあげた。平原は須倍都山から当別山の麓までひろがり、西北に山を背負い、東南は石狩川に面している。起伏のほとんどない平坦地で、開墾すれば大耕作地になることは明らかだった。

（吉村昭『赤い人』より）

このとき、月形潔とわが町の運命が決まった。

眼下に広がる雄大な景観に触発されて、かれの脳裏には、集治監を中心に開墾地が広がる光景がままざと描かれていたに違いない。

円山から眺望する現在の月形町全景

ここについては、『赤い人』にも調査の経過が書かれていますので、興味のある人はよく読んで頂きたいです。ここでは、ちょっと陸路歩いていますけど、移動はほとんど船です。横浜から函館に来るのも船、森から室蘭までも船で横断しているんですね。その室蘭で、仙台藩の家老から監獄誘致の懇願を受けるということになります。仙台の伊達藩から室蘭に移住してきますが、やっぱり厳しくて、入植もかなり苦労の連続だったらしいです。集治監をおいてくれということで、断るのが大変だったということが書いてありますね。

今度は樺戸に向かうのも、豊平川を下ることになります。豊平川は石狩川に続いていますから、石狩川までは行けるんですが、やっぱりその途中で、全部船という訳にはいかないので歩いたりしながら進みます。豊平川の下流は底が浅いので、まずは小さな船で分乗して、荷物は馬なんかに乗せて歩いて、雁木村まで行くと、あそこから本格的に大きな船に乗りかえます。川が広く、深くなってから大きな船に乗り換えて、荷物もそれに積んで、今度は石狩川の本流に入っていきます。今は車ですぐですが、当時は苦労しながら内陸部に入っていました。アイヌに漕がせたり、あちこち寄ったりしながら進んでいました。

もう一つは、各地でいろんなことを視察しています。これは月形潔が北海道の開拓状況を調べると同時に、囚人に何をさせるかを考えるために視察を行っています。農業だったり工業だったり、ビールの醸造所も調べているんですけども、何が囚人の作業にふさわしいかも調べていたんですね。

そして、樺戸にたどり着き、『赤い人』にある通り、円山にも月形潔一行は行ったらしいです。円山は山裾の小高い山ですが、そこから見ると、丘陵と丘陵の間に、須倍都山から当別山まで平坦地が挟まっています。近くに中小屋という場所があるんですが、そこの正面に見える山が当別山です。この山から辺り一帯が、農業に適地だということで、月形に決めたんですよね。

そして、もう一つの要素は、昼でも暗いというくらい、山に木がいっぱいあったということです。平坦地もあったけど、山には木もあって、それを切り出して集治監の建設の材料に使おうということです。当時は輸送なんて船しかありませんから、基本的には建設の材料は地元で調達しなければなりませんでした。そういった事情も月形、樺戸に集治監を置く決め手の一つになった訳ですね。

開設当初の監獄風景

二、樺戸集治監典獄に就任

ただちに月形は、「須倍都太」への集治監設置に向けて精力的に動き出す。内務省への報告書の作成に取り掛かるとともに、北海道開拓使に調査結果を報告した。その一方で海賀直常らに現地の実地測量を指示した。

そして明治一三（一八八〇）年六月、月形一行は帰京し、ときの内務卿松方正義に報告。同年八月五日、松方はこれをもとに、太政大臣三条実美に「北海道へ監獄設置ニ付構造場所並経費建築伺」を提出した。しかし、その決定は遅れ、秋も押し迫った一〇月末になってようやく許可されたが、予算も厳しく削減され規模も縮小されることとなった。

翌年春、工事請負は大倉組（現大成建設）。獄舎総面積七三八六坪、官舎その他九四棟、総工費壱拾万円という大工事が始まった。獄舎の完成を待たず四〇名の屈強な囚徒が樺戸に押送されてきた。彼らは集治監開設に先駆け、獄舎建設作業と食糧自給のための開墾作業に従事した。当時の明治政府は、西南戦争以来の財政難に苦しんでおり、半減された建設予算を模範囚たちの労役で補おうという月形の建言により実現したのだった。月形潔の独創的な実践家の一面が伺える。彼が囚徒らと雑魚寝したというエピソードはこの頃の事であろう。

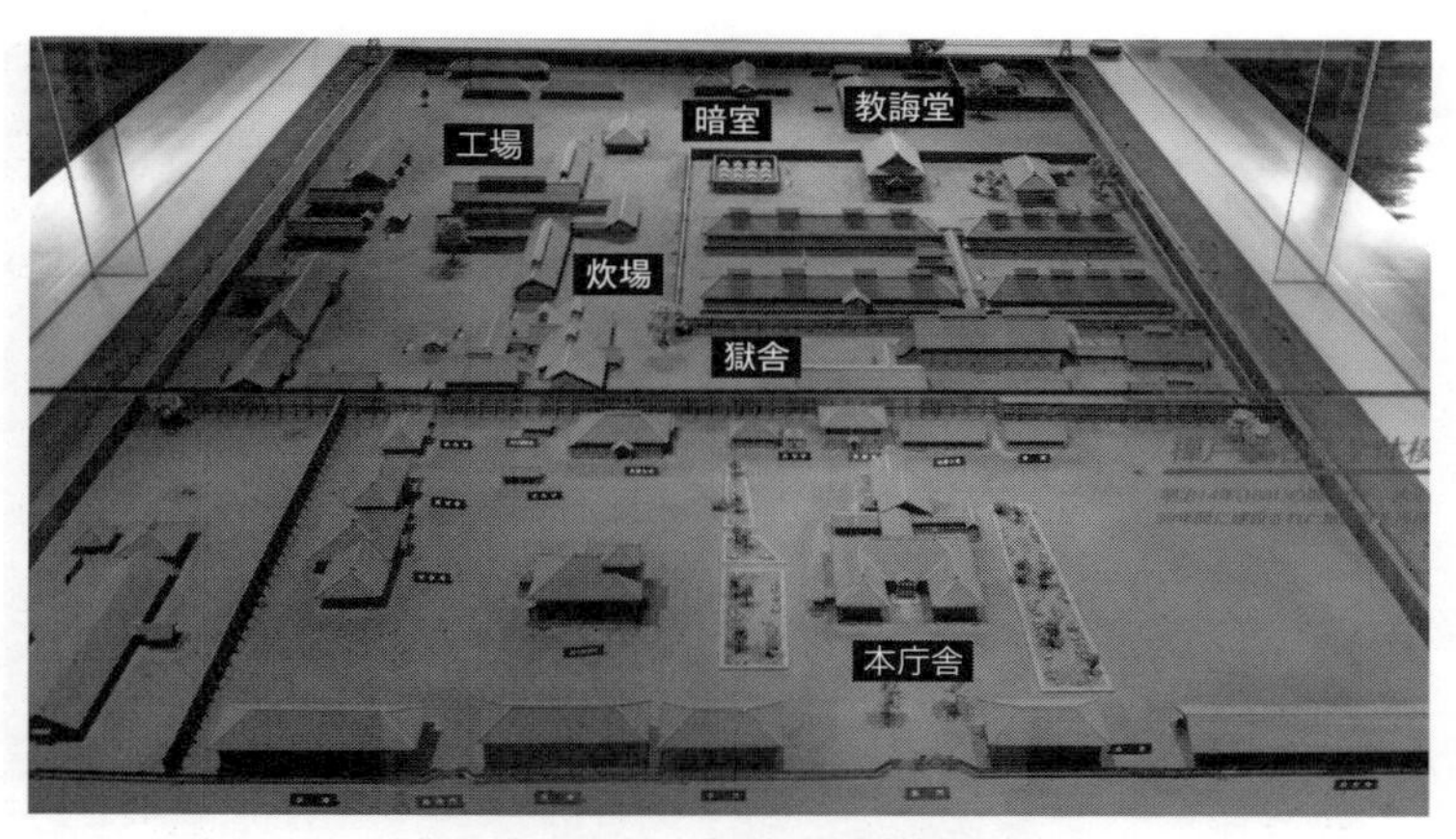

集治監模型（全体）（月形樺戸博物館）

七月一日、開拓使より須倍都太（すべつぶと）を「月形村」と定める通達が届いた。調査選定から携わり初代典獄に内定している月形潔にちなんだのだ。

このときからわが町の歴史が時を刻み始めた。同時にそれは　歴史上前例のない困難な事業に一身を捧げる月形潔の運命の始まりであった。彼は郷里福岡からこの地に自身の戸籍を移してその覚悟を示していた。

明治一四（一八八一）年九月三日。内務省監獄局長石井邦猷の臨席のもと、樺戸集治監開設式が行われた。しかし、この時すでにこの事業の過酷な状況は始まっていた。式典後石井から月形に告げられたのは、厳寒期に向かっての防寒処置として要請していた足袋股引の支給が許可されない旨だった。いかに監獄政策の基本を懲戒主義に置くとはいえ、この極寒の地で内地と同じ処遇を強いる明治政府の考え方に月形の背筋には冷たいものが走っていたに違いない。

■厳寒の樺戸

その年（明治一四年）一一月一日には早くも積雪があり、その後厳しい寒気が続いた。開墾作業を続ける囚人たちに凍傷にかかる者が増え、やがて月形が恐れていた石狩川の結氷が始まった。厳寒の地の監獄は、陸の孤島となった。

集治監と月形村模型（月形樺戸博物館）

樺戸での寒さと雪は、月形らの予想をはるかに超えたものだった。貧弱な衣類しか与えられない囚徒たちから肺炎や凍傷で死亡するものが相次ぐようになってきた。

月形は、囚徒に冬季の開伐作業を続けさせた。翌年増加する予定の囚人のため食糧増産を急ぐ目的でもあったが、実際には、囚徒たちが体を動かすことによって日中は寒さを忘れ、夜はその疲れによってよく眠るためであったと思われる。手足を湯につけて凍傷を防ぐ措置もとられた。厳寒の地で囚徒たちを生かすための、窮余の知恵であったのだろう。（こうして開墾されたのが知来乙農場である。）

年が明けるとそれに追い打ちをかけるように、食糧の不足が明らかになってきた。月形典獄自身も粥をすする日が続いた。栄養不足と寒さの中で囚人の病死が増加し埋葬が追い付かない棺が、雪に埋もれていった。

こうして、歴史上誰も経験したことのない、北海道での監獄の冬が明けた。

樺戸の春は、雪解けを待ちかねて芽吹く山菜とともにやってきた。囚徒の中にはそれを頼りに脱獄を企てる者が出てきた。また新たに移送されてきた三四七名の重罪犯の中には脱獄常習者の五寸釘寅吉も含まれており、脱獄の増加を懸念した月形典獄は、厳正な処置を執った。懲罰室を新設し、獄内規律の徹底を期した。他方で、看守らには職務規律の遵守を求め、違反には厳

篠津山の囚人墓地（個人埋葬地、合葬碑もある）

罰を科した。

内務省は、冬季間陸の孤島と化す樺戸の事情を考慮して、軽微な裁判を含む、司法・行政官としての絶大な権限を月形典獄に与えた。月形潔は、樺戸での最初の越冬を経験し、その意味を痛いほど理解した。囚人も看守も問わず、樺戸で生きるすべての人間の命運は最高責任者の彼に委ねられているということだ。

全く逆の立場にありながら樺戸では運命共同体ともいうべき環境にある囚人と看守。その双方に厳格な規律を求めた月形潔。その一方で、孤独な最高権力者となった峻厳な表情とは裏腹に、彼の胸中には監獄を起点とした「ユートピア」ともいうべき開拓構想が育まれていた。

読んだ通りなんですけども、四〇名の囚人が押送されてきたということです。まだ集治監ができてない内に囚人を送ってきてしまうんです。もちろん模範囚で、もう少しで出獄できるというような良い囚人ばっかり送っています。だから、尚更かわいそうなんだけど、彼らは非常に不安がっていました。最初、小樽に着いたんですが、泊まるところはありません。それで、どこに泊まったかというと、遊郭に泊まったんですね。囚人たちが遊郭で女郎さんの御給仕でお膳を一人一人に与えられてご馳走を食べるんです。『赤い人』

海賀直常（かいが　なおつね）
弘化元（１８４４）年生まれ
福岡藩の支藩秋月藩士　４歳下の月形典獄を補佐し、終生月形村の発展に尽す

にも出てきますけど、有名なエピソードです。海賀直常という人が囚人の護送をしたんですが、海賀はそういう突拍子のないことをできる人だったみたいです。そうして囚人たちを確保して、囚人たちに建設の手伝いをさせます。自分たちの入る監獄を囚人たちに手伝いをさせて作ります。考えられないくらいのアイデアマンですよね。相手は囚人ですから何をするか分からないというリスクはありますが、建設中は監獄もないので、飯場みたいなところで月形潔も雑魚寝していたんですね。よっぽど腹が据わっていて、度胸がないと、あるいはまた、人に対する威圧感を抱かせるくらいの風格があったんでしょうね。

考えてみると、周りに何もないところですから、雪が降って石狩川が氷に閉ざされてしまうと、もうどこにも頼るところがないんです。そこに囚人たちと看守がいて、月形潔がトップとして冬を越さないといけない。それまで日本で誰も経験したことがない、想像を絶する事態です。だいたい北海道の内陸で一冬過ごした人自体、アイヌの人達以外にいなかったんですから。そういう中で、月形潔は樺戸監獄を建設、設立したということです。このことについて、あまり詳しい記録が残っていないんですが、想像を絶する大変なことだったろうと思います。

看守も含め、秩序が乱れてみんなが勝手なことを始めると、もう共倒れですよ。トップになる人間の責任感と、人を統制する厳しさと、そういう人間力というものが月形潔にはすごくあったんだろうなと思います。

三．監獄からの開拓植民構想

苦難の末、北海道初の集治監を開設して二年。誰も経験のない厳寒の地での集治監経営を軌道に乗せた月形の胸中には、「我こそは北海道内陸部開拓のパイオニア」とでもいうような自負が生まれていたのではないだろうか。以下に掲げる文章は、明治一七（一八八四）年頃月形潔によって執筆された北海道の殖民政策に対する意見書である。

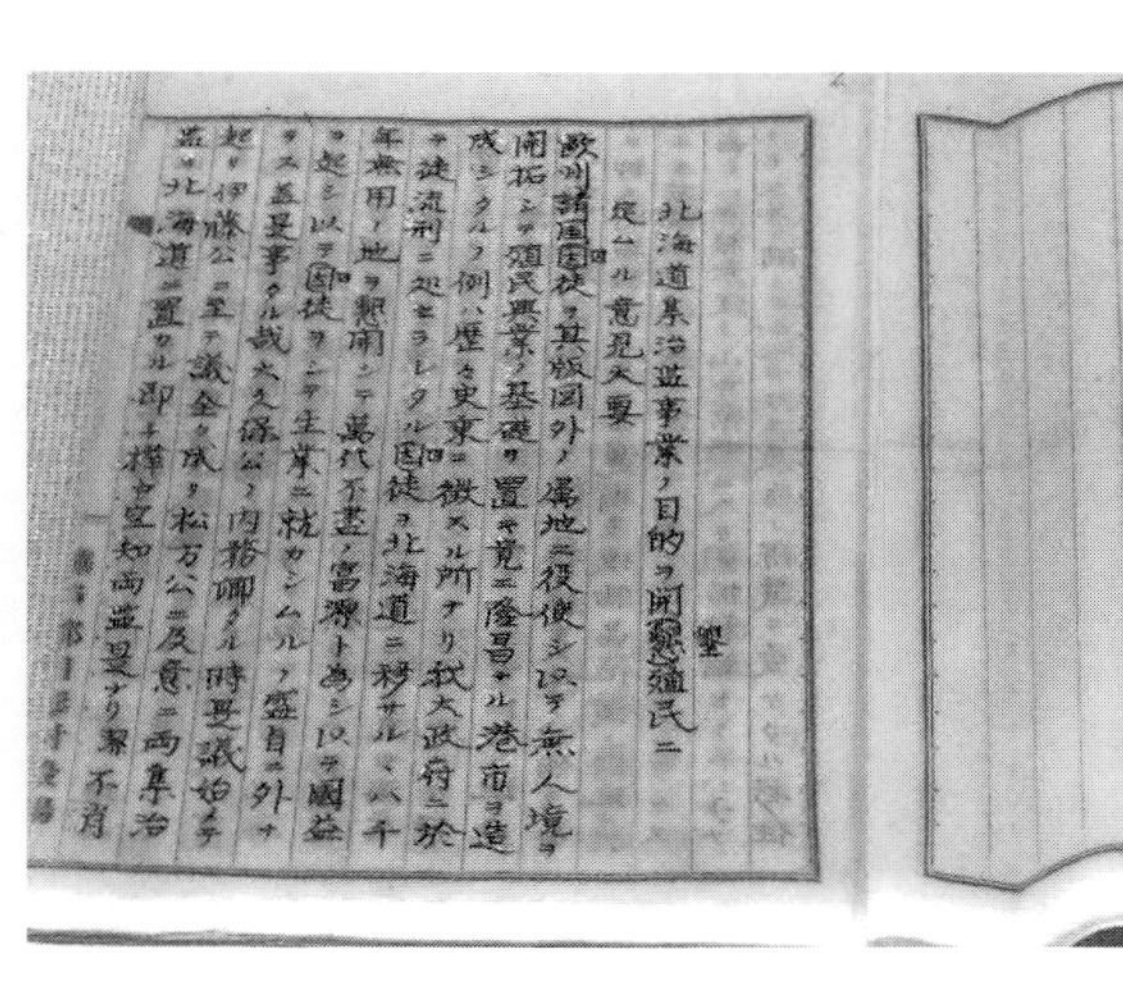

北海道集治監事業ノ目的ヲ開墾殖民ニ
定ムル意見大要
欧州諸国徒ヲ其版図外ノ属地ニ役使シ以テ無人境ヲ
開拓シテ殖民興業ノ基礎ヲ置キ竟ニ隆昌ナル港市ヲ造
成シタルノ例ハ歴々史東ニ徴スル所ナリ我大政府ニ於
テ徒流刑ニ処セラレタル囚徒ヲ北海道ニ移サルヽハ千
年無用ノ地ヲ墾開シテ萬代不尽ノ富源トナシ以テ国益
ヲ起シ以テ囚徒ヲシテ生業ニ就カシムルノ盛旨ニ外ナ
ラス蓋シ是事タル故大久保公ノ内務卿タル時其議始メテ
起リ伊藤公ニ至テ議全ク成リ松方公ニ及テ意ニ両集治
監ヲ北海道ニ置カル即チ樺戸空知両監是ナリ潔不肖

月形潔の意見書　原本（月形樺戸博物館収蔵）

北海道殖民意見書

月形　潔（現代文訳　筆者）

政府において、囚徒を北海道に移送する構想は、囚人労働をもって北海道を開墾し　将来の尽きない富の源として国益を起こし、併せて囚徒を生業に就かせることを目的としたものである。この構想は、大久保（利通）公の内務卿時代に発し、伊藤（博文）公の時代に完成し、

松方（正義）公の内務卿の時に、樺戸、空知集治監の設立に至ったのである。（中略）

私こと月形潔は、伊藤内務卿の命により北海道に入り、集治監設置の地を選定するにあたって北海道の殖民の景況（人々の移民状況）を洞察すると、政府の力に頼らずに移住する者は農業ではなく、漁業に多い。その理由は漁業はすぐ利益を得ることができ、北海道は海産物が豊富であるためである。そのため沿岸の地には移住民は多くなってきたが、海岸から二～三里（八～一二km）内陸部に至ると、高く草が茂り密林が覆い、一筋の炊煙も見ることができない。（人が住んでいる形跡がない）

そもそも開拓殖民の事業は、運輸が便利で物価の安い内地（本州）にあっても独立自活の域に達するのは容易なことではない。まして果てしない山林原野に入り開拓農耕するためには少なくとも三年の備えがなくてはならないであろう。政府の保護を受けた移住民ですらその方向を誤り、困難に陥る者は一人や二人でない。その理由は他でもない、土地の状況や気候風土を調査せず無闇に不毛の地に分け入り、ひとたび降雪により往来や運搬の便が途絶えたときに、言葉に尽くせぬ悲惨な状況に至るのである。このため、移住民を増やすためには、人里に近いところから徐々に遠いところへ及ぶようにするのが順序であると信ずる。
ところが政府の資金を投入して開拓を進める場合はこれと異なる。人道なき道を開き、橋のないところに橋をかけ、棘や茨を取り除き、人家の連なる集落を成すこと、物価が高騰したとしても政府の力をもってすればそれほどの心配はないであろう。また運搬については水運を利用するに越したことはない。河畔に集治監を設置すれば官吏も民間人も次第に増え、小都会が形成され物資の交流は自然と容易になるだろう。その場合、この地を河の両岸開拓の基礎として、上流に進めれば数年を経ずに両岸に（人家が増え）鶏や犬の声を聞けるようになるであろう。

こうしたことから、石狩川を遡ること二〇余里、須部都の地を集治監設置の地と決めたのである。樺戸集治監の所属地は、仮に三千万坪と見積もり、当初は農業工業を並行して目的としていたが、工業に適さない地勢と考え、明治一五年より目的を農業に一本化し、開拓農耕に従事し現在は田圃五〇〇町以上に達しており、将来一〇〇〇町歩をもって本監の田圃とする目的であるが、この（開墾）地を仮出獄または放免された者に貸与するか、民間人で希望する者があれば貸与や払い下げを行うこと、この二点については北海道に集治監設置の目的に密接に関係するものである。

北海道における集治監は、徒流刑に処せられた者たちを収容し、拘禁して逃亡を防ぐためだけであれば、千島群島中の孤島に拘禁すれば決して逃亡する恐れはないであろう。しかし囚徒を使役して手つかずの地を開墾して、市街地集落を形成することを目的として成立した集治監であるならば、単に検束の一点に偏り、監獄則にこだわり、事業の改良を図らないのは、本来の目的に邁進することにならない。

本監の創立以来当別村と本監の間に移住する者は少なくない。この勢いであれば、移住民が本監の近くまで及ぶのは二～三年もかからないと推察する。またいずれ本監を石狩川上流に移転したとしたなら、（既に開墾した）五〇〇町歩余の田圃はどのような処分をするのか、荒れ地に戻してしまうのか、多少は仮出獄者の中に農地を耕す者があるとしても、その他の残りの農地は人民に貸与する他によい方法はない。であるならば集治監の近傍の土地を未開、既開の区別なく、官吏や人民に払下げ、土着の住民を増やすことが大切である。

これまでの状況を考察すると、払下げ耕作を許可するとしたら、本監近傍において三～四〇〇〇町歩は、払下げを請願する者があるのは疑いない。こうして三〜四〇〇〇戸も土着人民がこの地に居住し、二〜三〇〇〇町歩の田圃を耕作するようになれば、仮に集治監を他に移転するとしても、月形村の繁昌は永く北海道とともに開明富饒に向かうであろうし、まして集治監のある間は、石狩河南において、北海道第一の都会を形成するようになる。また囚徒の検束上から考えても、往来少なく人家が稀な状況より、道路が整備され人家が増えていくことの方が便利である。

そうであるならば、「払下耕作法」を作れば、たちまち（殖民の）実績があがり、旧来の方法を守れば遠回りでかつ利がない。このことは北海道集治監の目的を開拓殖民にあるとして、今日より着々とその方向に進路をとり、改良を図っていこうとする理由なのである。

（月形潔「北海道殖民意見書」現代文訳）

ここにみるように、彼の構想は、集治監をいわば「開拓先発隊」として開墾に当らせ、開墾された農地は移民や出獄者たちに払下げて集落を形成させ、順次石狩川を遡行しながら新たな居住地を形成していく、という「監獄開拓殖民論」ともいうべきユニークな構想であった。そして月形村はそのモデルとなるべきまちであった。

彼は集治監調査のために道内各地を踏査して北海道開拓の現実を目の当たりにしてきた。そして自ら苦難を重ねながら、囚人達の労役を活用して開墾し、月形を「集落」を成すまで育ててきた。彼はその実績を背景に、持論を展開したのであろう。

彼のこうした生きざまの根底にあるのは、維新負け組となってしまった郷里福岡をはじめ、幕末以来、混沌とした時代のうねりの中で、傷つき斃れ、獄に繋がれた人々への思いではなかったか、と私は思う。

極寒未開の地に送られ、過酷な労役に従事させられる政治犯たちは、それなりの教育を受け、見識を持ち、強い意志と行動力を持つ者たちであったろう。それゆえに、反乱に加わり、運動に身を投じたのでもあったろう。彼らを教化し、未開の地北海道の開拓先兵として入植させ、人生の再出発の地とするならば、囚徒たちにとっても、過酷な開墾労働が、自分たちの出獄後の希望を託す労働に変わるのではないか。(初期の彼らの開墾作業の驚異的なスピードは、実はここに秘密があったのではないかと私は思っている。)

月形潔の原文の現代文訳を探したんですけど、なかったんです。自分が歴史好きだということもあって、辞書引きながら読んでると、だんだん慣れてきて雰囲気がわかってきて、月形潔がこれを書いた気持ちがだんだんと伝わってくる。

月形潔が夢を語っている。僕が好きなのは「その場合、この地を河の両岸開拓の基礎として、上流に進めれば数年を経ずに両岸に（人家が増え）鶏や犬の声を聞けるようになる」、要するに鶏がその辺走り回って、犬がワンワン鳴いて……それは、人々が生活しているその状態を表しているますが、彼の頭の中にはそういうイメージがあった。今は何もない原野だけど、だんだん開拓して、人里にしていくという夢があったんでしょう。

実際、明治になってから、松前藩の領地以外では初めて、北海道という新しい土地に村を作ったり人々が住んだりします。月形潔はそういうことを意識していただろうし、北海道の内陸部に「小都会を成す」とも書いています。

びっくりではありますが、いっとき札幌より月形の方が人口の多い時期がありました。月形と、あとは函館だけに一等郵便局がありましたし、日銀も月形に出張所を置きます。当時日銀は地域密着で進んできたんですよ。北海道でも樺戸と根室と樺太に出張所を置いていたそうです。

月形を開拓して、その次は滝川か深川か分からないけど、川を遡って、その辺りにまた集治監を移して、そこでまた囚人労働で開拓していくという構想だったそうです。僕は勝手に「監獄開拓殖民論」という名前をつけたんですけど、そういった月形潔の構想があったということですね。

「北海道殖民意見書」は月形潔が政府に出したものです。現物は月形の博物館にありますが、おそらく誰か書生さんかに写させたものです。昔、手紙とか送ったら手元からなくなっちゃうじゃないですか。だから写しを作ったんですけど、それが残っています。国会図書館あたりに原本はきちんとあるはずです。

月形潔は意見書をいくつか出しているんですよ。中には面白い意見書もあって、この意見書の後に書かれたものになりますが、冬期間の出稼ぎをやめさせてくれって言うんです。農業で入植しても、冬にはニシン漁とか出稼ぎに行っていたんですが、出稼ぎに行くと男どもは博打と女遊びをしでかすんですよ。それで財産を食いつぶして逃げちゃう。そういうのが多くてけしからんという訳です。農業をやるなら農業に専念してやれ、というようなことを指導する意見書もあるんです。

月形潔はかなり本気で北海道の開拓を考えて、自ら実績も残して「こういう風にやれば北海道開拓できるんだよ」と明治政府に意見を出したんですね。そこで、彼には、北海道に来る前に、三五歳くらいの若いときに、福岡でいろんな事件に巻き込まれて、その中でいろんな経験をしたことが背景にあるんじゃないかということを調べたんですね。

北海道においては明治一八（一八八五）年に監獄政策というものが大きく

二代目典獄　安村治孝（やすむら　はるたか）
弘化元（1844）―明治41（1908）年
長洲藩士

変わって、監獄政策＝開拓政策という風になっていきます。それが表れているのが金子堅太郎という人の「北海道三県巡視復命書」という有名な調査報告書です。その中には集治監の囚人を道路開拓にあてなさいとあります（第三講で詳述）。実はこの人も福岡藩出身なんですが、明治維新後にハーバード大学に留学して、向こうでルーズベルト大統領と友達になり、その人脈が日露戦争の時にすごく役に立つ訳で、超エリートです。

金子堅太郎は日本の歴史に大きく貢献しますが、だからこそ、その時はこんな生ぬるいことじゃだめだと、囚人は死んでもしょうがないと、監獄から出して道路の開拓に充てなさいということを提案したんですね。

その年八月、月形潔は複雑な事情があって退任し、次は長州藩出身の安村治孝という人にバトンタッチするんですね。

片腕だった海賀直常も方針転換に抗議して辞職して、農業を始めます。月形潔の構想を自ら受け継いで月形で実践し、地域の発展に貢献しました。

次に月形潔が明治一三（一八八〇）年に北海道に来る以前の、月形潔の青年期を遡ってみます。

月形潔のいとこ洗蔵は月形半平太のモデル

四、幕末維新の福岡と青年月形潔

■福岡乙丑（いっちゅう）の獄

月形潔の従兄で兵学者の月形洗蔵は「筑前勤王党」のリーダーのひとりであった。彼は過激な尊王攘夷論を藩内に展開し、福岡のみならず全国に名を知られた存在だった。

文久三年（一八六三）八月一八日、京都では、公武合体を唱える幕府側による宮廷クーデターが起こり（八・一八の政変）、長州側に連なる尊王攘夷派の公卿たちが追放された。これが有名な「七卿都落ち」である。その中にはのちに維新政府の中心人物となる三条実美（さんじょうさねとみ）らが含まれていた。彼らはしばらく長州にいたのち、西郷隆盛の計らいで福岡藩主黒田長溥（くろだながひろ）の理解を得、福岡の大宰府に身を寄せることになった。このとき受入れ側として世話をしたのが月形洗蔵ら筑前勤王党の志士たちであった。

京都で尊攘派として名を知られた公卿たちを迎え、福岡はにわかに勤王の中心地となり、西郷隆盛、高杉晋作ら薩長の有力な志士たちが頻繁に訪れるなか、月形ら福岡の志士たちは薩摩と長州の橋渡しを務め、坂本竜馬らに先駆けて薩長同盟を企図していたといわれている。当時青年期を迎えた月形潔も洗蔵らとともに奔走していたという。

三条実美ら五卿が滞在した太宰府天満宮

＊この記述について、『評伝　月形潔』の著者・桟比呂子氏より次のご指摘をいただいた。「潔は別件の殺人容疑で六月二四日に逮捕され、七月六日に入牢御免、親元預けとなる。乙丑の獄とは関係ない。」

ところが慶応元年（一八六五）、幕府はこうした福岡の動きに不審を抱き、藩主黒田長溥に幕府への忠誠を強く迫ってきた。対応に窮した長溥は佐幕へ急傾斜。家老・加藤司書をはじめ七名を切腹、月形洗蔵をはじめ一四名を斬首、野村望東尼（のむらもとに）ら一五名を流刑に処し、幕府への忠誠の証しとした。こうして時代の先導役を果たしていた筑前勤王党は壊滅に追いやられ、同時に福岡藩は、将来を担うべき有為な人材を失った。

月形潔はこのとき一九歳。月形家の親族ともども投獄され、従兄洗蔵の斬首を目の当たりにする苦渋を味わったが、さいわい自らは放免され一命を取りとめた。＊

その翌年一月、坂本竜馬らの手で薩長同盟が成立。幕府は第二次長州征伐に失敗、佐幕派の孝明天皇死去も重なり、天下の形勢は一気に倒幕に傾いた。福岡藩は今度は逆に朝廷への申し開きを迫られて、責任を家老たちに被せて切腹に処すともに、戊辰戦争に二三〇〇名もの兵を出して、官軍への対面を繕うことに大わらわであった。しかし時すでに遅く、福岡藩は日和見の烙印を押され、明治維新での政治的地位は無く、新政府に送り込むべき有為の人材はすでに失われていた。こうした悲劇は、この時代、薩摩、長州など他藩でも珍しいことではなかったが、とりわけ福岡はいたずらに報われない血を流し、人材を失ったのだった。

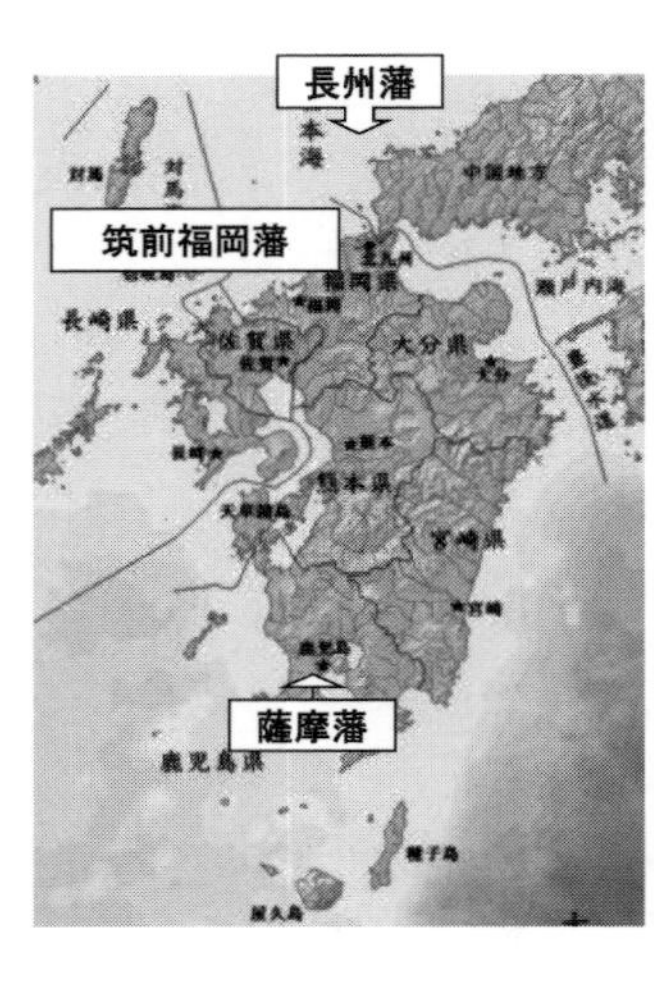

月形潔は、多感な青年期にこうした「時代の不条理」を身をもって知ることになったのだった。

この辺の歴史は薩摩、長州、土佐、肥前、いろんな人たちが入り組みますが、その中で福岡藩は実はこのままいけば明治維新政府の中枢を握っただろうと言われるくらいの藩でした。五〇万石という、長州に匹敵するぐらいの大きな実力を持っていたし、人材も揃っていた。長崎の出島が開港されて、その警備を佐賀藩と一年交代で預かっていたので、海外のさまざまな新しい情報も入っていました。

当時、下級武士たちにはとっては、もはや幕府なんていらないという話だったんですけども、優柔不断だった福岡藩主、黒田長溥は幕府への体面を取り繕わなければなりませんでした。幕末、特に薩摩、土佐、福岡、佐賀あたりはなかなか倒幕に踏み切れずにいたんです。指導者は尊皇改革あるいは攘夷と言いながら倒幕ではなかった。下級武士はこのままじゃ日本はダメになるということで倒幕に向かいます。明治維新の意味というのはそういう意味では、各藩の体制の革命でもあり、全国的な幕府の改革でもあり、二重の意味で大きな転換でした。

そして乙丑(いっちゅう)の獄というのが、慶応元（一八六五）年に起きます。月形洗蔵という、月形半平太のモデルになった人が斬首されるんですね。切腹と斬首は意味が大きく違う。斬首は罪を犯した罪人として処罰されるんで、一族にとってかなり屈辱なんです。藩主の恨みを買って斬首にされるということになるんですけどね。その後、明治維新が始まるんですが、日和見藩の烙印を押されて、倒幕の際に福岡藩は活躍できなかった訳ですね。

そうこうしている内に明治三（一八七〇）年の偽札作りで取り潰しに遭うんですよね。

太政官札

■福岡藩贋札事件

維新後も福岡藩の悲劇は続く。

戊辰戦争で戦費調達に窮した諸藩では、盛んに贋札・悪貨を造り使用していたが、維新後も贋札・贋金が横行し経済は混乱をきわめていた。とくに外国商人に与えた損害は、近代国家として致命的な外交問題となりかねず、通貨の統一は近代国家への喫緊の課題となっていた。

明治二（一八六九）年、新政府は各藩の「藩札」の新たな発行を禁じ、「太政官札」をもって貨幣制度の全国統一に着手しようとしたが、その布告自体もなかなか行き届かず、経済の混乱は一向に収まらなかった。まして戊辰戦争の戦費や維新後の対応におわれた各藩の財政はどこも火の車であった

捜査を指揮した松方正義（まつかた　まさよし）
（当時日田県知事）
天保6（1835）―大正13（1924）年
薩摩藩士、政治家

が、中でも福岡藩の財政ひっ迫は深刻で、ある資料によれば、全国四番目の負債を抱えていたという。福岡の重臣たちはこれを藩ぐるみでの贋札作りで一挙に打開しようと企んだのだった。

城の一角で太政官札や銀貨を偽造し、それを大胆にも藩所有の汽船で交易に使用していたが、いつしか中央政府の知るところとなっていったのだった。皮肉なことに当時、隣の日田県知事だった松方正義（のちに「松方デフレ」といわれる有名な緊縮財政を断行する人物）は福岡の動きに不審を抱き、中央政府に報告したのだった。明治三年七月、彼は自ら弾正台（だんじょうだい）（現在の検察庁）を指揮して内偵を開始、ただちに藩中枢の首謀者五名を逮捕―送還し、事件の解決を図った。翌年彼ら首謀者五名は「不届至極ニ付、庶人ニ下シ斬罪申付」けられ、処刑されてしまう。

このことは全国的な贋札横行のなかで、ある意味で福岡が見せしめにされたという背景も否めないが、交易先での派手な散財など統制を失った野放図な行動が、政府の目に余ったという面もあったかもしれない。

このの ち福岡藩は、藩知事黒田長知が解任され、「廃藩置県」を待たずに実質的な藩のとりつぶしという屈辱を味わうことになるのだった。

このとき二四歳の月形潔は、福岡藩権少参事（司法警察事務を掌握するスタッフ）として就任早々、弾正台の指揮の下で自藩の重役たちの逮捕・取調べに

大隈重信（おおくま　しげのぶ）
天保9（1838）―大正11（1922）年
肥前佐賀藩出身。政治家、教育者。
造幣局設置を建言。「円を創った男」といわれる。
外国事務局判事に就任、キリスト教徒処分や贋貨対策を担当。外国官副知事になった後、会計官副知事、民部大輔を経て大蔵省に移り、大蔵大輔就任

当たったといわれている。

戊辰戦争の最中、各藩から朝廷にという形で、新政府は戦費を調達したんですね。戦争に兵隊を出したりして莫大な金がかかりますから。要するに藩札、手形みたいなものによって、商人から食料、物資を調達したんですが、それはもう大赤字です。不良債権というか、今でいう国債乱発みたいなもので、それが蔓延したんですよね。それを明治政府は、貨幣の発行権を政府に集約しないといけないとして太政官札を出して、これとそれぞれの藩札と交換していたんです。太政官札に全部統一しようということでやっていたんです。福岡藩はその太政官札を偽造したから、かなり明治政府に睨まれました。

廃藩置県が明治四（一八七一）年なんですが、その廃藩置県の一二日前に取り潰しにされます。これは福岡の人間にとっては非常に屈辱的なものでした。この時、明治政府の中枢で偽札事件を担当した男が大隈重信です。

佐賀藩出身で頑固で厄介な人だったらしいけれど、政府に能力を買われて、非常に重要な役割を果たしているんですね。当時の財政金融の仕組みを最初に作るのにも、大きく貢献しています。大隈重信は実業界をバックにして活躍し、また実業家を育てるということで早稲田大学を創設します。日本の近代化にとって富国強兵や殖産興業が大事とか言われていましたが、それと同

時に民間事業を育てなければならないという意識がありました。それがヨーロッパの近代国家に近づく道だという認識のもと、大学を創設して、立憲改進党という、ブルジョアジーをバックにした政党も作っていくんですね。ものすごい働きをした人でした。

■筑前竹槍一揆

維新後新政府は、地租改正、徴兵令と矢継ぎ早に改革を打ち出し、めまぐるしい変化に庶民は振り回されていた。経済は混乱し、新政府に対する不満は全国各地にうっ積していた。

明治六（一八七三）年一月、太陽暦（新暦）が施行され、長年陰暦による農作業の段取りに慣れてきた農民たちに混乱が生じていた。さらにこの年福岡では、三月から一〇〇日を経ても雨らしい雨が降らない異常気象に見舞われ、六月に至って、梅雨時期にも拘わらず田植えができない農民たちは、お宮に籠って雨乞に努める日々が続いていた。

お宮に集う農民たちの話題にのぼったのは、このごろ山に見える火のこと。それは米商人たちが相場の伝達に使う「烽火（のろし）」だった。当時出来秋の不作を見越して大阪の米相場は暴騰、産地と大阪との価格差を縫って米商人たちは「濡れ手に粟」の暴利をあげていた。これが農民たちの怒りに火を付け、空

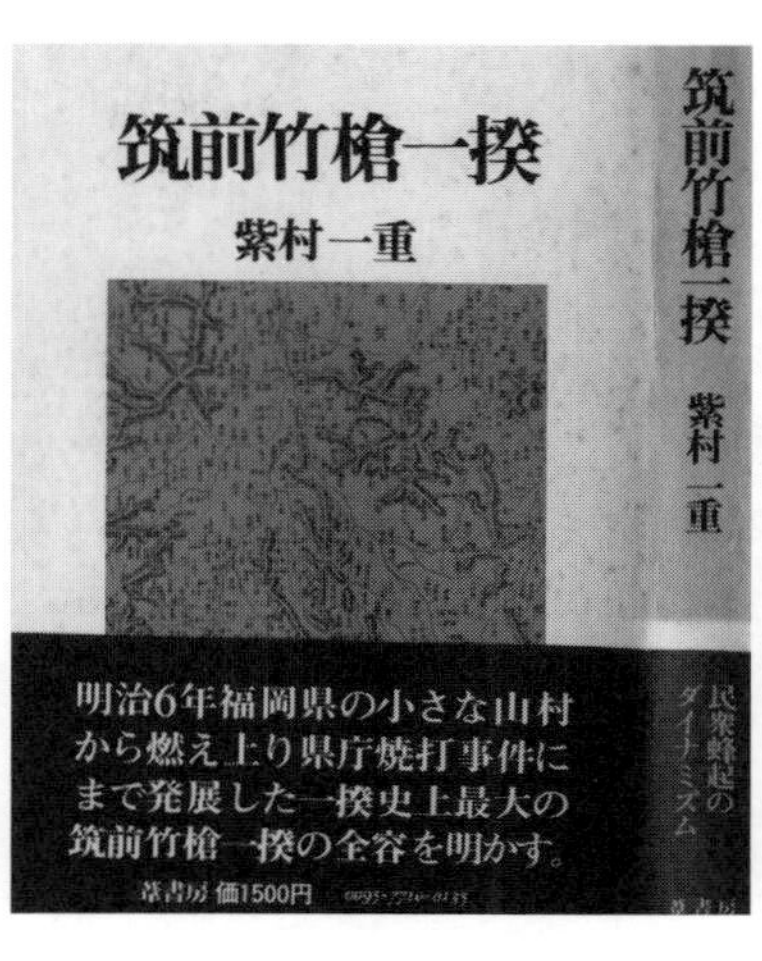

筑前竹槍一揆
紫村一重
明治6年福岡県の小さな山村から燃え上り県庁焼打事件にまで発展した一揆史上最大の筑前竹槍一揆の全容を明かす。
民衆蜂起のダイナミズム
葦書房 価1500円

紫村一重著『筑前竹槍一揆』

前規模といわれる「筑前竹槍一揆」が勃発したのだった。

明治六年六月、三〇万人ともいわれる百姓たちによる打ち壊し、焼き打ちが一〇数日間続いた。群集たちは最後には県庁に押し寄せた。ところが当時の福岡県庁は、旧藩時代の有力幹部は相次ぐ斬罪で失われ、中央から派遣されていた首脳らは危機管理能力を欠き、対応は後手に回り、混乱に拍車を掛けていた。

このとき福岡生え抜きの若手幹部として鎮圧に奔走したのが月形潔らであった。紫村一重氏の労作『筑前竹槍一揆』の中で随所に彼の奮闘する姿が描かれている。

その時、急を聞いて月形典事の一行が来たことを知って、上野戸長はようやく生気をとりもどした。月形典事は、武装した修猷館の学生五〇人余りを引きつれて、急遽駆けつけてきたのである。・・・・・やがて月形典事は、各村の代表を群集の前に整列させると、あらあらしい口調で説諭をはじめた。・・・・・・・・・・

そこへ、前線から帰任した月形典事が、真黒に陽焼した顔に、眼を光らせて現れた。水野参事は月形典事が現れると、急に生気を取りもどしたように、自ら抱くようにして彼を出迎えると、喜色を浮べて、

一揆勢が押し寄せた福岡城大手門（平成20年復元）

労をねぎらった。水野参事には、戦塵の臭いを漂わせた月形典事の行動的な姿が、いかにも頼もしく見えたのである。

（紫村一重著『筑前竹槍一揆』より）

そのなかに興味深いエピソードがある。

中央から天下りの首脳らが「福岡士族は頼みにならず、佐賀県に援軍を求める」と発言したのに対し、月形は烈火のごとく怒り、「三木隆介、矢野尋六郎、武部小四郎、越智彦史郎らをはじめとする諸士は、飽くまで県庁を守護すると口約している」と自県の士族を擁護した場面がある。当時わずかに残っていた筑前勤王党の残党士族たちには、色濃く反政府の空気があったが、この時はまだ官途に就いた月形らと信を通じており、自県の危機に直面して、旧士族の面目躍如、県庁の吏員と手を携え一揆勢の鎮圧に尽力した。

しかし、彼らの奮闘も膨れ上がった一揆の波を止めることは出来ず、福岡城にあった県庁は無残に打ち壊され、首脳たちは四散して行方知れず、主なき県庁で月形らはやむなく鎮撫隊本部のおかれていた勝立寺に仮県庁を移し、残務処理にあたったのだった。

この話は九州、特に福岡では有名で小学校でも教えているらしいです。当

一揆の発生地となった日吉神社

時、いろんな制度が矢継ぎ早に代わって、太陽暦に変わったことで暦が繰り上がったんですね。だから年末に借金払いとかするんですけど、高利貸しとかも繰り上がっちゃったんです。政府は、今まで農業で使っていた陰暦を禁止するんですが、農民たちは借金払いに困り、新しい暦になったことをとても恨むようになりました。それに加えて日照りが続き、雨が降らなくて田植えができないという中で、米相場を操って、商人があくどいあぶく銭を稼いでいるんだよって話が持ち上がります。神社で酒を飲みながら話をして、盛り上がったんでしょうね。農民たちは自然発生的に竹槍を持って、その辺の商人に打ちこわしや焼き討ちを始めたんです。一〇万人が参加したというかなり大きな蜂起です。

紫村一重氏の労作『筑前竹槍一揆』は郷土史です。フィクションじゃなくて、実際の竹槍一揆のことをあちこちの資料を集めて書いた本です。その中で、生え抜きの月形潔とか何人かの若い官僚が鎮圧にあたるんですが、その時の彼らの行動がこの本にはあちこち出てくるんです。月形潔の福岡における立場とかそういうものを示していると思います。

西郷隆盛
（さいごう　たかもり）
文政 10（1828）－明治 10（1877）年
薩摩藩士、軍人、政治家

大久保利通
（おおくぼ　としみち）
文政 13（1830）－明治 11（1878）年　薩摩藩士、明治維新の元勲、政治家

司馬遼太郎著
『翔ぶが如く』

■西南戦争と福岡の変

その年（明治六年）一〇月、維新の最大の功労者である西郷隆盛は、板垣退助や江藤新平ら征韓派の参議たちともに下野し、幼なじみでもあり、ともに手を携え維新を切り開いた大久保利通と袂を分かち、鹿児島に引き揚げたのだった。

これが「征韓論政変」と呼ばれ、大久保ら内政を重視する「内治派」が維新政府の主導権を握り、以後の日本の進路を決する岐路となった。

その後鹿児島では、西郷が設立した私学校を中心に帯刀武装した士族が県政を取り仕切り、さながら独立した軍事国家の様相を呈するようになっていった。中央集権的近代国家へと改革を急ぐ明治政府にとっては、我が国最南端鹿児島のこうした状態は、重大な懸念であっただけでなく、いつ爆発するかわからない火薬庫のごとき存在であった。国家の近代化を進める大久保利通は、国家観そのものを異にするようになったかつての盟友西郷との衝突は避けられない、との判断のもと、周到かつ果断に決戦への準備を進めていった。

明治一〇（一八七七）年二月、たびたびの政府による挑発に憤激する部下を抑えきれず、ついに西郷隆盛は決起し、我が国最大の内戦といわれる西南戦争は始まった。その後、七か月に及ぶ激烈な戦闘が続いた末、軍略・装備・兵站ともに近代化した政府軍の勝利に終ったのだった。

　双方八万余の兵力を費やし、一万二千の戦死者を出し、維新の立役者であった西郷隆盛は城山で憤死。政府の戦費は四一〇〇万円にのぼり、当時の税収四八〇〇万円のほとんどを使い果たしてこの戦は終わった。（詳しくは、司馬遼太郎『翔ぶが如く』を参照）

　このとき福岡の士族たちは、どうなったのか？

　指導者を失い四分五裂した彼らは、最後には敵味方に分かれて戦うという、悲劇的な末路を辿ることになった。県庁を通じて動員され政府軍の最前線に立たされる者たちの一方で、武部小四郎ら反政府士族たちは、西郷軍に呼応し決起したが（「福岡の変」*）、情報の漏えいや指揮の不統一であえなく鎮圧――捕縛され、かろうじて西郷軍に合流した者たちも露と消えてしまった。

　月形潔は、この時政府軍の警視庁巡査部隊隊長として奮戦、城山の陣にて抜群の勲功を上げその後の抜擢につながるのであった。しかし一方で、福岡士族の悲惨な最期を見届けることになってしまった。まして元々筑前勤王党の同志であり、竹槍一揆の際にはともに鎮圧に努めた武部ら反政府士族たちへの思いは、痛切なものがあっただろうと推察する。

　実は、福岡の変に先立つ明治九（一八七六）年、福岡県士族の中で秋月の乱に呼応して決起しようとして投獄された者たちがいる。彼らは、翌年の福

＊福岡の変
一八七七年二月、西郷隆盛が決起。三月福岡藩士族たちはこれに呼応し　福岡城内の政府軍兵営を襲撃したが　失敗。

　その後、西郷軍との合流を企図するも、移動の過程で多数が失われた。越知彦四郎・久光忍太郎・村上彦十・加藤堅武の四名が死刑となり、同四日、武部小四郎も刑死。城山で西郷軍とともに最期を迎えた者や、萩の乱嫌疑で獄死した人を含め、百二名が命を落とした。

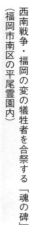

西南戦争・福岡の変の犠牲者を合祭する「魂の碑」（福岡市南区の平尾霊園内）

頭山　満（とうやま　みつる）
（藤本尚則編著『頭山満翁写真伝』所収
安政2（1855）―昭和19（1944）年
筑前国（福岡県）出身　明治～昭和前期に活動したアジア主義の巨頭、玄洋社総帥

岡の変から西南戦争が終結してから放免されている。偶然といえば言えなくもないが、見方によっては何かの力で福岡士族の遺伝子が温存されたと思えなくもない。「彼ら」とは、のちに「大アジア主義」を唱えて我が国「右翼の魁（さきがけ）」として名をはせた「玄洋社」を結成した頭山満、箱田六助らであった。しかし、この後、明治一三（一八八〇）年に集治監候補地踏査のため北海道に赴くまでの三年間、内務省御用係権少書記官に就いていたという彼の足取りを示すものは、見出すことはできなかった。

かつては全国に名をはせた筑前勤王党の士族は、幕末以来打ち続いた数々の悲劇で殆んど失われた。乙丑の獄では勤王の志士を失い、贋札事件では廃藩置県に先駆けて藩主追放、竹槍一揆では県の経済基盤も破壊され、西南戦争では敵味方で相戦うことになり、薩長土肥が取り仕切る明治政府の一角に福岡藩出身者が名を連ねることはなかった。

こうした郷里福岡の惨状をあとに中央政府に出仕した月形潔は、同郷の知人のいない官界で、どんな思いで職に奉じていたのだろうか。そして最果ての地、北海道に旅立っていくのだろうか。

これが明治の前半期のメインイベントの一つというか、西南戦争で国の進む道がここで決せられたと言われています。月形潔は西南戦争で戦って手柄

大山綱良から月形潔に宛てた手紙の一部
（国立公文書館収蔵）

を立てたと言われていますが、桟比呂子さんの『評伝　月形潔』によれば、実はそうではなかったんじゃないかとなっています。要するに西南戦争に参加せずに、警備公安方の調査だとか、諜報活動といった仕事にあたっていたのではないかと書いています。良く分かりませんが、少なくとも西南戦争で大活躍したというのは違うようです。

　僕が桟さんに提供した情報なんですが、国立公文書館に大山綱良が月形潔に宛てた手紙があるんですよ。明治一〇（一八七七）年三月三日の日付です。三月三日は田原坂の戦いで激戦をやっていた日なんです。大山綱良がどういう人間かというと、鹿児島県令をやった人です。鹿児島県令ということは、中央政府から派遣されて鹿児島県知事をやっていたんですが、中央政府の言うことを聞きませんでした。結果、西郷隆盛軍と通じていたという風に言われて、最終的に処刑されちゃうんです。三月三日に月形潔に宛てた手紙を、桟さんに調べてくださいとお願いしましたら、その内容は要するに申し開きだったんですよ。西郷隆盛は本当は決して政府に反旗を翻そうと思っていた訳ではない、という旨を月形潔に訴えているということです。

　本当であれば大久保利通だとか、政府の要人に宛てるべきなんだけど、大山綱良はなぜ月形潔に手紙を書いたのか。逆に言えば、月形潔のその時のポジションは何だったのか。もしかしたら、大久保利通に直接繋がる情報要員だったかもしれない…というのが私の妄想です。

のちに玄洋社に連なる福岡藩士族の若手は、西南戦争直前に情報が漏れて、検束されて牢屋に入れられることになります。それはもしかしたら月形潔が裏で画策して、こいつらを死なせるのはもったいないと、福岡県士族の遺伝子が全部絶たれてしまうということで、バカなことやらずに牢屋に入れようとしたのでは、というのが私の推測です。

五. 月形潔という人物

私はこれまで月形潔の歩んだ人生をたどってきて、ますます彼の魅力に引き込まれていく自分を感じる。

行動においては徹底した現実主義者。「筑前竹槍一揆」の鎮圧の際に見せたように、言葉の前に先ず行動する。言い訳や自慢は言わない。そして、不正を許さない厳しさを兼ね備えた指導力。囚人にも看守にも厳格な規律を強いた鬼典獄としての顔である。その一方で、深い優しさとオプティミズム(楽天主義)。かれが囚人達と雑魚寝ができたのは、従兄の月形洗蔵とともに獄に繋がれ、一度は死を覚悟した彼にとって、典獄と囚人との隔たりは、意味がなかったのではないかと思う。

晩年の月形潔
（篠原澄子様よりご提供いただきました）

極限の地で共に生きる者として、立場は違っても、同じ人間として根本において信じる力を持っていたのではないか。そしてどんなに困難な状況にあっても、常に未来に夢を見出す人でなかったか、と思う。その夢が放つ光が、周囲の人々を惹きつけ、導いたのではなかったのか。「意見書」の随所にみられる夢に満ちた将来構想がそれを物語っている。

しかし、残念ながらみずから描いた構想を彼が実現することは叶わなかった。明治一七（一八八四）年秋、すでに彼の体は、病に冒されていた（肺結核といわれている）。故郷福岡とかけ離れた厳しい気象条件のもとでの過酷な激務は、さしもの頑健な彼の肉体を蝕んでいたのだった。

翌一八（一八八五）年六月上旬、月形潔は　自らの姓を冠したこの村を去った。

その日多くの村人が涙を流して、汽船に乗って石狩川を下る彼ら家族を見送ったという。彼の心中には何が去来していたのであろうか？

月形潔は明治二七（一八九四）年一月八日、福岡県那賀郡住吉村で、四五歳の生涯を閉じた。樺戸を離れてからわずか八年後の事であった。（死の四年前、実子のいなかった彼は男子を授かったが幼くして亡くなった。）

私は、彼の足取りを辿るうちに、月形潔という人物には、もっと奥深いところに大きな謎が隠されているように思うようになった。彼が果たした役割

石瀧豊美著『玄洋社発掘』

は、歴史の表側だけではなかったのではないか?という疑念は当初から私の中に在ったが、今ますますその思いは深くなっている。維新負け組の福岡藩出身者という立場のもと、彼が明治という時代の中で、何を自らの使命としたのか。その一端が、福岡に拠点をもち、「大アジア主義」を唱えた国家主義団体玄洋社の総帥頭山満との交友である。福岡の歴史研究家　石瀧豊美氏の労作『玄洋社発掘』によれば二人は親友であったという。

（頭山満は福岡勤王派の最後の世代。福岡の変の直前に投獄され、西南戦争終結後放免された。その後自由民権運動に投じ、玄洋社を設立。国家主義者といわれるが、炭鉱利権を基盤にした豊富な資金を背景に、孫文や蒋介石をはじめインド、アフガニスタン、フィリピン、ベトナム、エチオピアなどの独立運動を支援。世界各地に広く深い人脈を持っていた。不思議な人物である。）

やはり謎の糸口は福岡にあるらしい。

開町一三〇周年に寄せる駄文のエピローグとしては、やや個人的な関心に偏した誹りは免れないかもしれないが、「もしかしたら歴史の常識を覆す新事実が発見されるかもしれない」と、月形潔のオプティミズムに倣ってみるのも悪くないと思っている。（完）

【参考文献】

月形町史（月形町史編さん委員会・月形町）
北海道行刑史（重松一義・図譜出版）
樺戸監獄（熊谷正吉・北海道新聞社）
樺戸監獄史話（寺本界雄・月形町）
典獄月形潔とその遺稿（重松一義　編著）
北海道の百年（永井秀夫ほか・山川出版）
日本の歴史19巻から21巻（井上清ほか・中央公論社）
筑前竹槍一揆（紫村一重・葦書房）
筑前竹槍一揆論（上杉聰／石瀧豊美・海鳥ブックス）
翔ぶが如く（司馬遼太郎・文春文庫）
赤い人（吉村昭・講談社文庫）
頭山満と玄洋社（読売新聞西部本社・海鳥社）
未完の明治維新（坂野潤治　ちくま新書）
玄洋者発掘（岩瀧豊美・西日本新聞社　一九九七）
イシタキ・ファイル（福岡の郷土史研究家・石瀧豊美氏のホームページより）

月形潔のお孫様 篠原澄子氏と筆者（左は御主人文雄氏）
月形町開町130周年祝賀会にて　2010年

晩年の月形潔

月形潔は二〇歳前後で一族が囚われたような形になるわけですが、維新後は福岡藩の権少参事になります。この辺の月形潔はどういう時期を過ごしたのか……。ひとつ言えることは、儒学者の家柄だったんですよね。思想的なものでいうと、儒教をベースにした考え方だと思います。あまり書いたものを残さない人、足跡を残さない人なんですよ。謎が多いんですが、ただいずれにしても、従兄の月形洗蔵という存在が大きいと思います。また西郷隆盛や大久保利通との付き合いもあったと思います。

おそらく見込まれていたので、人脈はあったんだと思います。特に大久保利通に見込まれて、くっついて佐賀とかいろんな所に行っています。ですから大久保利通の国家構想にかなり影響されていたんじゃないかと思うんです。藩や自分の殿様、月形洗蔵や筑前勤王党の同志たちが潰れていって、ほぼ解体されたような状態を目の当たりにしながら、将来の日本の国のあり方なり、自分の故郷の在り方なりをよく考えたと思います。その時に、元の仲間たちが反政府運動に走っていくのを見ながら、かたや自分は官吏として国の機関の一員となって国を支えていく、というふうに自らの生き方を定めていったんじゃないかと思います。

月形潔が監獄を辞めた理由は病気ということになっていますが、実はそうでなくて、実は「非職」、要するにクビになったということです。桟さんの

『評伝　月形潔』の著者、栈比呂子氏（右）と

11 ほん　2014年（平成26年）10月12日（日曜日）

ほっかいどう

評伝　月形潔　栈 比呂子著

評 中舘寛隆 編集者

離道後の足取り詳細に

1881年（明治14年）、多くの政治犯や重罪犯を収容するため、まだ移住者のいないシベツブトの原野（現在の空知管内月形町）に樺戸集治監が設けられた。本書は、囚人たちの過酷な状況など小説でもたびたび取り上げられてきた樺戸集治監の初代典獄・月形潔の生涯を詳細にたどる初の本格的な評伝である。

月形潔は元福岡藩士。幕末期、同藩勤王派リーダーの一人で、いとこにあたる月形洗蔵の強い影響を受け、彼もまた勤王派の一員として奔走した。維新後は内務省権少書記官などを歴任。北海道に集治監を設けることが決まると、設置場所の選定、さらに初代典獄としてゼロからの集治監建設と運営を、内務卿の伊藤博文に命じられることになる。

集治監が置かれた現在の月形町の町名は、彼の姓に由来していることはよく知られている。同町発展の基礎を築いた人物として、町民からはいまなお敬愛される存在であり、開拓に貢献した歴史上の人物として道内では広く認知されているといえる。ところが著者によれば、地元福岡県で彼の名を知る人はごく限られており、詳細を知る手がかりもほとんど残されていないという。本書の功績は、この史料の乏しい離道後の足取りを詳しく追っていることだ。

例えば、既存文献の多くは彼が月形を去った理由は病気で、郷里で療養に専念後、死去したとしている。だが、本書は非職の後、公金流用を理由に免官となったとする。さらに福岡へ帰郷後は、九州鉄道会社設立に関わるなど、中央とのパイプを生かし地元発展のために活躍したことなども記している。そこで思い出すのは昨年、福岡県出身の直木賞作家・葉室麟が月形洗蔵と潔に光を当てた小説「月神」を出版していることだ。地元での関心の高まりは、さらなる史実の発掘につながることを期待させる。（海鳥社　1728円）

新刊情報

◆小路幸也著「キシャツー」＝1970年代後半、汽車通学している高校生たちが出会いや交流のなかで成長する姿を描く、江別在住の作家による青春小説。単行本の刊行は2012年。河出文庫　691円
◆菊池徹夫、宇田川洋編「オホーツク海沿岸の遺跡とアイヌ文化」＝オホーツク文化と擦文文化が融合したトビニタイ文化などオホーツク海沿岸の貴重な遺跡を紹介。北海道出版企画センター　3456円
◆水野俊平著「笑日韓論」＝16年の滞在経験から日韓の歴史や人々の考え方を熟知している韓国語学者が、独自の視点で両国の未来を考える。著者は現在、北海商科大教授。フォレスト出版　972円
◆北海道新聞社編「集団的自衛権行使に反対する　声明・決議・意見書」＝各界の声明、決議などをもとに、集団的自衛権行使容認の閣議決定に対する問題点を提起。北海道新聞社　800円
◆絶景トラベル研究会著「まるで海外のような日本の絶景」＝トマムの雲海テラス、美瑛の青池など道内9カ所を含む全国の絶景を紹介。宝島社　1404円

本の森

絵・あべ弘士

『評伝　月形潔』の書評　北海道新聞　2014年10月12日

本に詳しく出ているんですけど、公金流用の咎（とが）です。公金流用というのは、政府の許可を得ずに、看守の宿舎を勝手に建てた、汽船を勝手に業者に頼んで作らせた、というもので、要するに言いがかりです。当時は中央から離れていて連絡するのに何ヶ月もかかりますが、いちいち許可を受けていたら冬に間に合わないじゃないですか。時の内務卿は山県有朋だったんですが、何かの怒りに触れて、月形潔はクビになったんじゃないかということです。

二〇一〇年の月形町開基一三〇年の時に、月形潔のお孫さんの篠原澄子さんにお会いして、私が月形潔について書いたものを差し上げたんです。その後、「評伝月形潔」の執筆に取り掛かっていた栈比呂子さんが篠原さんに取材に行かれた時に、「あなたこういうもの知っています?」ということで篠原さんから渡されたそうです。栈さんは月形に取材に来たときに僕を

毎日新聞　福岡・地方版　２０１６年６月28日

明治時代、北海道開拓に尽力　中間・中底井野に　生誕記念碑完成

明治時代、北海道で囚人の収容施設「樺戸集治監（しゅうじかん）」の典獄（てんごく）（刑務所長）を務め、開拓に尽力した中間市出身の月形潔（１８４７〜９４年）の生誕記念碑が完成し、生地の中底井野で２６日、除幕式があった。北海道月形町の桜庭誠二町長や法務省矯正局の富山聡局長ら約３００人が祝いに駆けつけた。【籔田尚之】

記念碑は、中底井野公民館敷地に建てられ、月形の胸像（高さ約２・４メートル、ブロンズ製）と業績などを記した碑文。２０１２年、桜庭町長が月形の故郷を訪問したのを機に、地元でも月形を顕彰する動きが活発化。昨年3月、自治会で記念碑建設委員会（田中栄子委員長、１２人）をつくり、募金活動などで約３２０万円を集めた。

田中委員長は「マスコミなどでも月形が取り上げられ、問い合わせも増えた。後世に語り継げる記念碑が必要だと思った」と話した。桜庭町長は「月形氏の努力があって今の町があり、北海道がある。町名に人の姓を冠しているのは日本でも月形町だけ」と完成を祝った。

訪ねてきてくれました。月形温泉のレストランで、お互いに調べたこと、わからないこと、時間の経つのを忘れて語り合ったのを思い出します。

桟さんが当時の桜庭町長に挨拶に行かれて、月形潔の生誕地のことを話したらしいんです。それで桜庭前町長が、その村を訪れたんですね。そこから月形町と中間市・中底井野村との交流が始まったんです。

今は、中間市に合併されて中底井野村というところなんだけども、月形洗蔵の名前は有名なんですが、月形潔って人は福岡では知っている人がいない。それで向こうの人はびっくりしたみたいです。これは大変だということで、古閑道子さんという方が中心になって学習会が始まり、二〇一六年には田中栄子建設委員長のもと月形潔の記念碑が出来ます。私も呼ばれて式典に行きました。地域の皆さんが協力して盛大な式典でした。

九州で僕も視察で見てきたんですけど、明治近代化遺産というものがありますよね。あれは炭鉱と製鉄、山口県から福岡佐賀、それから鹿児島、その一連の九州とか中国地方の近代化遺産を世界遺産にするということなんですけども、どういう視点で捉えているのかということが重要かと思います。日本がアジアで最初に近代化して、これだけの経済大国になったんだよ、というサクセスストーリーだけで良いのか、ということですよね。その背景には、囚人労働も女性労働も被差別部落も含めて、踏み台にしたものがたくさ

月形潔生誕記念碑と除幕をする田中委員長

んある訳ですよね。そういう不都合なことにも目を向けてこそ、僕はやっぱり先進国だと思うんですよ。私たちのような田舎者も、そういうところにしっかり光を当てて語り継いでいくことが、アジアで最初に「近代化」した国の矜持といえば大げさですが、成熟した先進国にふさわしいことだと思うんですよね。そういうことをこの北海道の片田舎で語り続けるということにも意味があると思っています。今日のお話はこの辺で終わります。

第3講

2017.10.18

北海道開拓の礎を築く
鉱山と道路と監獄

開鉱間もない明治10年代末期の幌内炭鉱
（北大付属図書館蔵）

明治2（1869）年7月に開拓使が設置され、欧米列強に対抗するために北海道にある天然資源の開発が必要となり、次第に北海道の開拓が政府の重要課題となってきた。地質学者ライマン（ベンジャミン・スミス・ライマン1835~1920）の調査によって明らかにされたのが豊富に埋蔵する石炭で、明治8（1875）年~明治9（1876）年に、黒田清隆・伊藤博文・山県有朋ら政府要人が次々と幌内を訪れ、また石炭運搬のための幌内鉄道（小樽市手宮~三笠市幌内）が全国三番目の鉄道として明治15（1882）年に全線開通したことからわかるように、幌内炭鉱の開発は国家プロジェクトだった。

三笠市立博物館 HPより

はじめに

二回目は月形潔さんをめぐる歴史と、半生をお話させていただきました。自給自足を前提として農業に囚人を活用させるというのが月形潔さんの考え方でした。

今回は、月形が明治一八（一八八五）年に退官し、典獄が代わったあとの展開を主なテーマにしてお話したいと思います。月形の話だけでなく、そのあとの空知や釧路集治監の開設にもかかわる、当時の北海道全体の動きにかかわってくる話になります。

一・鉱山と監獄

■幌内炭鉱

それでは、第一部「鉱山と監獄」に入ります。これは、今の三笠市にある、開鉱間もない幌内炭鉱のほんとに初期（明治一〇年代末期）の写真です。明治五（一八七三）年、北海道開拓使の招きで来日したアメリカの地質学者ライマンが、幌内炭鉱を調査して、非常に豊富に良質な石炭が出るということを明治政府に提言したと言われています。明治八年から九年に黒田清隆、

幌内鉄道　札幌停車場

明治 13 年　手宮―札幌駅間 仮開業
明治 15 年　手宮駅―幌内駅間が全線開通

伊藤博文、山県有朋ら政府要人が次々に幌内を訪れたということで、実はこれは僕も知らなかったんですけど、早くから明治政府は官営の炭鉱として幌内炭鉱を重視したようです。

■北海道初の鉄道開通

その石炭を運ぶために、明治一五（一八八二）年、北海道に初めて小樽から幌内まで官設幌内鉄道が開設されました。実はこれに至る前は、船を使って運搬するという考え方もあったらしいですが、結局鉄道に落ち着きました。ちなみにこの鉄道は札幌も通ります。札幌の停車場の写真ですが、これがどのあたりなのかは調べていません。ともかく小樽の手宮から札幌を経由して、幌内に行く鉄道が開通されるんですね。当時はかなりこれに国家的なエネルギーが注ぎ込まれました。

■空知集治監

一方それに合わせ、明治一四（一八八一）年に樺戸監獄が開設されます。その翌年、明治一五年に空知集治監が三笠の市来知（イチキシリ）というところに開設されます。イチキシリとは、アイヌ語で〝熊の足跡が多いところ〟という意味らしいです。この空知集治監の跡は全く残っておらず、唯一残っているのは、

ただひとつ残る旧空知集治監典獄官舎レンガ煙突
刑務所長が起居した家のレンガ煙突で、明治23（1890）年に官舎が全面改築された時のもの。高さが約8ｍあり囚人たちの手によって作られた。官舎は平屋建て、広さは約80坪もあり、当時集治監を訪れた明治の要人たちのほとんどがこの家に宿泊したとされている。

三笠市立博物館ＨＰより

空知集治監初代典獄
渡辺惟精（わたなべ　これあき）
弘化2(1845)－明治33(1900)年
美濃（岐阜県）出身

このレンガ煙突なんです。

これは監獄の官舎の煙突らしいです。これしか残っておらず、絵的には面白くありませんが、これも囚人によって作られたものです。官舎は平屋建てで広さは八〇坪ありまして、これもまた集合住宅だったんでしょうね。その時の最初の典獄が、渡辺惟精（わたなべこれあき）という人です。実はこの人は美濃、岐阜の出身なんですけど、薩摩の藩士になっているんです。当時は優秀な見どころのある若い人を養子に迎えて跡継ぎにするというのがけっこうあったみたいです。彼は非常に性格も優れていて、温厚で人の面倒見もよくて、優秀だということでどんどん出世して、東京集治監典獄から空知集治監の初代典獄になりました。

この人は前の年、明治一四年に、空知集治監を作るための調査に来て、月形潔と懇談してさまざまな情報を得て、開設にあたりました。そして、当時樺戸もそうでしたが、集治監の典獄さんという人は、当時の行政も担当していて、今でいう村長であったため、空知郡長などもかねて地方行政にも尽くしました。やめる時には土地を払い下げたことで、〝三笠開拓の父〟と言われたそうです。

三笠の教育委員会に長く勤務された郷土史研究家の供野外吉さんという方が書いた本があります。『北門鎖鑰（ほくもんさやく）の礎石――渡辺惟精』という本で、戦時

千人塚史跡公園内にある合葬之墓（右）
左側は、自由民権運動に参加し投獄され、獄中で死亡した原利八の碑

中、昭和一五年に発刊されています。タイトルは、北門鎖鑰、つまり北に向けての鍵をかける、外敵の侵入を防ぐ要地という意味です。当時の時局からいうと、日中戦争も始まっていたので、つまり、ソ連が攻めてくることに対して、戸締りをする役割を果したという意味で書いてあります。そういうことで、その本には渡辺惟精さんを称えるような内容が書かれていました。供野さんはもう一冊、『獄窓の自由民権者たち』という有名な本も書いています（第五章）。

空知集治監では主に炭鉱の作業、石炭を掘る作業に囚人たちが従事させられていました。多いときは三〇〇〇人もいたということです。後には道路の開削にも従事させられますが、空知集治監のあった二〇年間に事故や病気での死者は一〇〇〇名を超えたということです。死亡した人は、お墓を作って合葬しました。明治二九（一八九八）年に合葬の墓が設置されて、合計一一五八人が合葬されています。

樺戸集治監の墓をご覧になった方はわかると思いますが、樺戸集治監は合葬しているのもありますが、一人ひとり別々に墓を建てられたものもあります。しかし三笠では一〇〇〇人以上、数的には樺戸集治監の数よりも多いですが、全部一緒に合葬されてしまっているということで、当時の囚人に対する考え方がちょっと違うかなという感じはします。

硫黄山の硫黄搬出（明治20年代）

右側は「合葬之墓」、左側は自由民権運動で投獄され獄死した原利八という人の碑です。これは、別に項目をたてて話をしますが、自由民権運動に関係し、国事犯（政治犯）とされた大半は北海道の空知、樺戸、釧路の集治監に送られ、服役となりました。樺戸集治監にも来ていますが、どちらかというと空知集治監に自由民権運動の人たちは多いです。つまり、当時の国家的な炭鉱採掘のプロジェクトに、集治監の囚人たちが充てられたということです。

■アトサヌプリ硫黄鉱山と安田善次郎

次に、釧路集治監が担当した「アトサヌプリ」の硫黄（いおう）鉱山です。「ヌプリ」というのは山という意味らしく、「アトサ」というのは「裸の」という意味らしいです。ですから、木が生えていない「裸の山」という意味で「アトサヌプリ」と言ったそうですが、なぜ木が生えていないのかというと、そばにいったら臭いがすごいですが、良質の硫黄がでてくるところだからです。

明治九（一八七六）年からここの採掘が始まりましたが、さまざまな事情があって経営がうまくいかず、山田朔郎という人の手に渡り、囚人をこの硫黄の鉱山の採掘に使用していました。しかしやはり掘るだけでは効率が悪く、製錬とか搬出を一括して行うには大きな資本が必要になり、当時金融保

アトサヌプリ硫黄鉱山
明治9～29（1871～91）年
屈斜路村の跡佐登に、良質な硫黄鉱があることを知った佐野孫右衛門は、明治9年に採鉱を開始し、翌10年に本格的な経営にのりだした。
明治18年にこの事業を譲り受けた山田朔郎は、釧路集治監の囚人を借りて翌明治19年から硫黄の採掘をはじめたが、採鉱、製錬、搬出、輸送を一貫して行うには大きな資本が必要で、硫黄鉱を安田善次郎にゆずった。
明治20年、日本有数の銀行家として知られた安田善次郎は経営にあたり、まず硫黄を運ぶ鉄道工事の開始をはじめ、標茶に近代的な製錬所を建設、また近代的な設備と輸送能率の向上によって、その生産量は全道一となった。しかし、近代的で機械化した採掘方法は皮肉にも鉱山を掘り尽くすことになり、明治27年に採鉱を中止。2年後の明治29年には廃鉱してしまった。

安田善次郎（やすだ　ぜんじろう）
天保9（1838）―大正10（1921）年
富山県出身の実業家　安田財閥の祖

険業で大きくなっていた安田善次郎という方が経営に乗り出します。囚人労働を活用して、釧路まで硫黄を運搬する鉄道を走らせ、精錬所を作って、そこから海へ硫黄を出荷するという一連のコンビナートのようなものを作りました。一時は、全道一の生産量ということでした。硫黄の加工や輸送のための蒸気機関の燃料調達のために、釧路炭田（後の太平洋興発）を開発したのもこの人です。

当時硫黄を何に使うかというと、マッチです。あれは硫黄ですよ。当時は技術がなくて日本はマッチを輸入していましたが、やはりそれまでの火の付け方と比べれば非常に便利でした。北海道だけではなく全国各地に硫黄鉱山があり、マッチの生産が非常に盛んになって、マッチの輸出国になりました。それまでは確か、ノルウェーからの輸入が多かったようです。技術を取り入れて、マッチの工場もできて、網走あたりの木を伐り出して、ここで硫黄を精製して、盛んにマッチを製造しました。需要があり、それなりに儲かったのでしょうね。だけど近代化で機械化した採掘方法で鉱山は掘りつくされてだんだん生産量も落ちて、明治二七（一八九四）年に採掘を中止、二年後の明治二十九年に廃鉱になりました。

この安田善次郎という人は安田財閥をつくった今でいう実業家ですが、実際の製造業だとか商業だとかには手は出さないで、銀行と損保会社、保険会

釧路集治監
明治18～34（1885～1901）現標茶町
現在は標茶町博物館の「北海道集治監 釧路分監本館」として使われている。

社に特化していました。富山県の出身で、オノヨーコさんの曽祖父らしいです。富山藩に生まれて足軽の子として生まれたということです。当時の人は、渋沢栄一や三菱の岩崎弥太郎とかもそうですが、わりと下級武士だとか商人だとか、そういう江戸時代に身分の低かった人が実業家になっていく。東大の安田講堂や日比谷公会堂も安田善次郎が寄付したらしいです。昔は、金持ちが偉かったようです。金儲けもしていましたが、社会貢献もずいぶんやっていたようです。

■釧路集治監と大井上輝前

この硫黄採掘に釧路集治監の囚人を使役したわけです。標茶町にある釧路集治監の建物は、平成三〇（二〇一八）年からは「北海道集治監釧路分監本館」として利用されています。僕も行ったことがありますが、樺戸博物館から見ると、割と洋風な感じです。初代典獄の大井上輝前（おおいのうえてるちか）のセンスもあったのかもしれないです。彼はアメリカに幕末に留学して、クリスチャンの洗礼は受けていませんが、かなり影響を受けた人で、アメリカで知った野球を囚徒たちの教化に役立てようと、ミットとグローブとバットを取り寄せて、囚人たちに野球を教えたように、いわゆるハイカラな感覚の持ち主だったらしいです。

この人はあまりまだ注目されていませんが、面白いバックグラウンドを持っています。アメリカで英語も学んできたので、通訳として開拓使に出仕して、ロシア外交などにも携わっていて、ロシアにも何回か出張しています。明治八（一八七五）年の千島・樺太交換条約は、千島列島を日本に帰属させて、樺太はロシアに返すということで、黒田清隆が結んだものですが、このような国境線を確定する仕事にも携わったと言われています。そういうことであれば、いわゆる外務系の仕事に進むはずでしたが、なぜか内務省に転属になり、釧路集治監の開設準備に携わりました。

当時の明治政府のやり方は、樺戸の時も月形潔が調査に来て開設、空知のときも渡辺惟精に調査させて、そして釧路も大井上さんに調査・開設をさせて、それぞれを監獄の典獄にしています。要するに、調査から立地から全部決めさせて、その人間をその集治監の典獄として仕切らせ、責任を負わせるということです。そのようなやり方をしていました。明治十四（一八八一）年に樺戸集治監、明治一五年に空知集治監を作り、明治一八年に釧路に集治監を作っています。わずか四年の間に三つも集治監をどんどん作ってしまいました。

大井上輝前は、やはりアメリカの法律や思想を学んできたので、近代的な監獄を作るということで、硫黄鉱山の囚人の使役を辞めさせたようです。安

「囚徒峰延道路開削の図」（36～37 ページ参照）

田財閥とも交渉して辞めさせています。その後釧路集治監が軌道に乗り、大井上は明治二四（一八九一）年には樺戸集治監の典獄に就任します。

次回の「日本の社会事業のさきがけとなった人々」というテーマの時に詳しくお話しようと思いますが、北海道中で、囚人たちを教える教誨師という仕事は、全部クリスチャンが占めていた時期がありました。なぜこうなったのかという背景も非常に面白いです。この大井上は、実は不敬事件という、明治天皇の御真影を物置に放り込んで埃のかぶった状態にしておいた、ということをでっち上げられて国会で追及されまして、二七年に退官します。それを契機に北海道中のクリスチャン教誨師がみんな辞めてしまうのですが、背景にはこの時代の国の揺れ動きがあるわけです。

二．北海道の道路開削

今度は道路の話に入っていきます。この図は通称樺戸道路、今は峰延街道と我々は呼んでいる三笠の峰延と月形を結ぶ道路を、明治一八年から一九年にかけて作ったときの絵です。絵の得意な看守が描いたもので、当時の湿地帯に道路をどうやって作ったかをわかりやすく見せるための絵です。

まずは、歩くと埋まって動けなくなってしまうようなブカブカの湿地の両

＊『北海道道路誌』は大正14（1925）年6月10日に北海道庁から出版された、全192ページの書物で、江戸時代から大正期までに渡る北海道の道路事情に関する最重要資料。現在発刊されている北海道の道路の歴史に関する書籍は必ずと言っていいほどこの本、あるいはこの本を参考としている本を、参考文献として挙げている。

側に排水溝を掘って、道路全体の水を排水します。そしてその排水を利用して舟を浮かべて、物資を運びます。一石二鳥なわけですね。そして、ブカブカのところに丸太を引いて、土をかけて、またその上に丸太を置いて、土砂をかけて、そして上に砂利などをかけます。杭は打っていますが、このような膨大な手間をかけて作られました。

当時の土木技術は、基本的なやり方は今の技術と変わっていないそうです。よく、道路を新しく作るところに高く土を積んでいますよね。こんなに道路が高くなるのかなって思っていたら、それがだんだん沈んでくるわけです。北海道に泥炭地が多いのは、北海道は寒いですから、土の上に草木が腐らないで積み重なっていくわけですね。それがどんどん積み重なっていって、その上に新しい草木が生えていきます。結局腐りきっていない有機物がどんどんたまっていった状態の土地を泥炭地と言います。昔はそれを乾かして、燃料に使っていました。そのようなところに道路を作る際は、今では大きな重機を使っていますが、当時は人力しかないので、このようなやり方で道路を作っていました。

月形町の図書館に、『北海道道路誌』＊という本があり、それを見てこれから紹介する資料を作りました。

その内容ですが、囚人が道路開削に従事したということは、ひと言「囚徒

西蝦夷地道路開削功労者の報償

場所請負人その他有志はいずれもが幕府の蝦夷地開拓の趣旨を受けて巨額の私費を投じて道路を開削したので、箱館奉行はこれを幕府に上申して幕府より以下の通り報償を賜った。

報償内容	場所	氏名
永代苗字差免	江差	鈴鹿甚右門
孫代迄苗字差免	津軽	長坂庄兵衛
一代苗字差免／一生涯二人扶持	福山	佐藤定右衛門
一代苗字差免	歌棄磯谷請負人	佐藤栄五郎
銀十枚下賜	浜益増毛請負人	伊達林右門
銀七枚下賜	岩内請負人	仙北屋仁左衛門
	同 余市請負人	竹屋長左門
	小樽古平請負人	恵比須屋半兵衛
銀五枚下賜	厚田請負人	浜屋興三右衛門
銀三枚下賜	寿都請負人	山屋新八
	同 古宇請負人	福島屋新左衛門
	同 石狩請負人	阿部屋博次郎
	同 勇払請負人	山田屋文右衛門
銀二枚下賜	忍路高島請負人	住吉屋徳兵衛
	同 積丹美国請負人	岩田屋金蔵

（『北海道道路誌』より作成）

を役し」と書かれているだけでした。大正一四（一九二五）年に出された本なのですが、当時の北海道庁の公的な歴史の中では、囚人が道路開発に関わったという記録は深く触れたくないことなのでしょうか。歴史にはこういうことがあります。やはりその当時の権力者や関係者の都合のいいように歴史を表現しているというのはあるみたいです。したがって、その辺も考えながら見ていかなくてはというのがあります。

■江戸時代

まずこの『北海道道路誌』は江戸時代から始まります。北海道が正式に日本の領土だという認識がまだなかった時代です。松前藩が統治していましたが、直接統治していたわけではなくて、場所請負人にそれぞれの地域を任せていました。石狩は石狩の場所請負人、厚田は厚田場所だとか、エリアごとに任せていました。特にニシン漁ですが、その人たちがそこで魚を捕るなどして収入を上げていました。その当時の道路というのは、その人たちに巨額のお金を出させて、任せて作らせていました。それで箱館奉行はこれを幕府に上申して、幕府よりを褒賞を賜ります。この人たちは自分たちの仕事の都合もあって道路を自分たちで作ったというところですが、それを幕府はうまく活用して道路を作らせていたというところです。

北海道開拓使時代
明治二（一八六九）年～明治一五（一八八二）年
開拓使一〇年計画（明治五～一四年）
開拓資金
（1）定額一〇〇〇万円
（2）定額米 年一万四〇〇〇石
（明六年まで）
（3）別に租税収入を使用

施策
・陸海路の開削
・幌内炭山の開発
鉄道の敷設（手宮～江別間完成）
屯田兵例則を制定
札幌農学校を開設
開拓使官営工場を設置
北海道地所規則、北海道土地売貸規則 制定
〈資金実績〉二〇六六万円

（『北海道道路誌』より作成）

■北海道開拓使時代

明治維新になりまして、明治二（一八六九）年から実は北海道開拓使の時代に入ります。北海道開拓使というのは明治維新政府の目玉政策の一つで、北海道を開拓するというのは、明治維新の大きな戦略目標でした。その背景には、ロシアとの緊張関係があり、すでにロシアは北海道に何回も訪れてきていました。

これはまずいということになりました。ロシアに対抗していくためには北海道をきちんと既成事実として開拓していかなければいけないということで、一〇年計画を立てて、開拓資金定額一〇〇〇万円、今のお金で言ったら一〇〇〇億になりますか。そして米が一万四〇〇〇石って、米もこういう計画に入っているのは面白いところです。そして施策は何かというと、陸海路の開削、そして幌内炭山の開発です。この二つは、かなりの分、集治監の労働に頼っていることです。

当時の北海道開拓は、囚人の労働に頼った政策なのです。そのほか鉄道の敷設、屯田兵も、実は囚人の開拓を前提として、この政策が可能になりました。それと、北大の前身の札幌農学校を開校することも北海道開拓史の一〇年計画に入っています。また官営工場ですとかいろいろあって、実際にかかった資金は二〇六六万円でした。倍以上かかりました。

東本願寺道路
現在の国道230号中山峠の前身
【区間】　尾去別～平岸
【歴史】　一八七一年　開通
工期1年3か月（1870・7～1871・10）
1869年　開拓使設置
　　　　東本願寺の新道切開などの願出を許可
1870　現如が出発（2月）
　　　　道路工事開始（7月）
1871　本願寺道路完成（10月）
1872　黒岩清五郎が簾舞通行屋屋守に
1873　札幌本道（現国道36号線）完成
　　　　本願寺道路は荒廃
1884　通行や身住い廃止
1886　本願寺道路改修工事（～1894）
1953　二級国道に指定
1958　舗装工事

（『北海道道路誌』より作成）

■本願寺道路

明治維新になり、新しい道路の開削のスタイルが始まっていきましたが、その一つが本願寺道路です。札幌の平岸街道は、実は本願寺道路の終点で、伊達の海沿いの尾去別から今の中山峠を通って札幌の平岸までの道路のことを言っています。

明治政府はこの道路を、東本願寺というお寺にやらせました。なぜ、お寺にやらせるのか。実は東本願寺は、徳川家の菩提寺でした。芝の増上寺とか、日光の東照宮も東本願寺の系統ですが、要は、東本願寺は徳川家と非常に密接にかかわっていたので、明治維新になったときに右往左往します。もし徳川が負けたら、幕府が負けたら、自分たちはどうなるのかということです。それで東本願寺は明治政府のご機嫌を取り、「何かお手伝いできることありますか」と明治政府に取り入ろうとします。そのときに明治政府は「北海道で道路を作れ」という指令を出すわけです。そして、明治三年、本願寺の中では皇太子のような若い跡取り・現如をこの事業の責任者とし、道路工事を任せました。

これが、当時の本願寺道路開削の様子を描いた錦絵です。当時は写真も新聞もないので、情報は、こういう錦絵を売って伝わっていきました。京都から一行は、本当は船で行けば速いのですが、陸路を歩いて北海道に向かいま

本願寺道路開削の様子を伝える錦絵

した。実は、これはキャンペーンだったそうです。当時石川県だとか富山県から東北にかけては本願寺の信者が多い地域でした。そこで一行は「開拓御用本願寺東新門主」の札をかかげ、キャンペーンをしながら、資金集めをしながら歩いたということです。ご利益のある若い門主を先頭に立てて行くと、おそらくその有難いお経を聞かせてもらってみんなお布施をするわけです。そんな田舎に、偉いお坊さんが来ることなんてないですから。この地域の人たちは非常に喜んで、かなりの寄付が集まったようです。そのようなことで時間をかけて、北海道にたどり着いて道路の開削をします。

　これが当時の本願寺道路です。今の230号線で、中山峠を通っています。工事の労働には、お坊さんのほか移民やアイヌも従事しました。そのようなことで東本願寺が明治政府の意を受けて、この本願寺道路を作ったわけ

明治五年から一五年まで主な道路開削

明治五年（一八七二年）
胆振国室蘭―石狩国札幌の新道開削に着手（札幌本道の一部、現在の国道36号の前身）

明治六年（一八七三年）
札幌郡篠路村の平民、早山清太郎は２００余円の私費を投じて同村―茨戸路線を開く。

明治七年（一八七四年）
小樽郡熊碓村―若竹町に至る新道完成。
円山村―銭函間の道路修繕に着手。

明治八年（一八七五年）
札幌の雨竜通から雁来(かりき)村に達する馬車道を開削。後志国美国郡厚苫ほか四村で民費を投じて船澗村新道１７０間（３０９・１ｍ）を開削。

明治九年（一八七六年）
札幌―幌向煤田(ばいでん)に達する道路を開削
札幌の平民大岡助右衛門が私費を投じて有珠通（現在の西五丁目通）その他16町（1.7㎞）余の路線を修築。

明治一〇年（一八七七年）
札幌―小樽間の車道開削のため、札幌農学校お雇い土木学士のアメリカ人ウィリアム・ホイーラーに調査させる。

です。伊達の長和に起点があり、途中の簾舞には通行屋の建物が今保存されて残っているらしいです。そして、今の平岸街道の澄川と平岸の境目に終点の碑が建てられています。

■明治五年から一五年までの主な道路開削

その後、これは明治の開拓使が主体となったことのほうが多いですが、たとえば篠路村の早山清太郎さんのように、個人が私財を投じたり、いくつかの村で民費を出し合ったりして作られた道路もあります。

明治一〇年には札幌―小樽間の車道開削の中で、札幌農学校お雇いの土木学士、アメリカのホイーラーさんが調査にあたりました。明治八年に琴似や発寒に屯田兵が入ってくると、その屯田兵給与地の周辺に道路を作るという動きが始まりました。これは明治一五年まで続きます。明治一二年にはアメリカ人鉄道建築業の土木技師クロフォードが、銭函―小樽間に車道、馬車道を作りました。これが非常に安く、画期的だったそうです。大沼にＪＲインが経営しているクロフォードホテルがありますが、これはこの技師の名前をとっています。

明治一三年には余市の方に、明治一四年には小樽の駅逓と手宮の波止場をつないだ道路、明治一五年には豊平橋から札幌村にいたる道路と、北六条か

明治一二年（一八七九年）
お雇い土木顧問アメリカ人ジョセフ・U・クロフォードに銭函―小樽間の馬車道修築を画策させ、5万円をもって着手させた。
銭函―小樽間の馬車道竣工。

明治一三年（一八八〇年）
後志国岩内郡余市山道を幅2間（3.6ｍ）、延長4里（15・7㎞）余で開削。
その経費は2096円46銭2厘であり、そのうち2035円88銭4厘を民費とする。
また、同国岩内郡堀株村から古宇郡泊村に至る道路を幅平均2間（3.6ｍ）、延長2534間（4.6㎞）余を補修し、この工費240円10銭5厘のうち232円85銭5厘は民費であった。

明治一四年（一八八一年）
小樽港駅逓所前から手宮波止場と小樽分署に至る車道竣工。後志国小樽住吉裏新道を開削。

明治一五年（一八八二年）
豊平橋から札幌村に至る道路と札幌北六条から円山村に至る里道を開削。また、小樽市街道路改正の工事竣工。

（『北海道道路誌』より作成）

ら円山にいたるまでです。北海道の札幌中心のエリアもだんだん整備されてきています。ここに「円山村」とありますが、今の円山も村でした。手稲ももちろん、琴似も、札幌の中心街以外はみんな別々の村でした。今はみんな札幌市になっています。

■三県時代

その後の明治一五～一九年の四年間、三県時代といって、函館と札幌と根室と、北海道が三つの県に分かれていた時代がありました。なぜこういう風に分けられたのかということですが、この当時、人口の比率でいうと函館が一番多くて、根室も江戸時代から漁業でかなりの人が入っていました。明治四年に全国的な廃藩置県がありましたが、その時には北海道は対象になっていませんでしたが、遅ればせながら明治一五年に北海道にも県を導入して、本州の県と同じような地方自治制度にしていこうというような考えで、三県に分けられました。しかし、非常に効率が悪かったようで、役人ばかり増えて、北海道の開拓が進まなくなってしまい、金子堅太郎

＊北海道3県巡視復命書

明治18年伊藤博文は腹心の太政官大書記官金子堅太郎に視察を命じて現況を調べさせました。金子は北海道を70日間かけて巡察し、3県は廃止して強力な植民局を設け、それが独走しないように各省からチェックする機関を作るという案「北海道三県巡視復命書」を伊藤博文に提出しました。

伊藤は金子の案をもとに明治19年1月26日に3県及び北海道事業管理局を廃止し、北海道庁を設置する布告をします。その布告の内容は「北海道は土地荒漠住民稀少にして、富庶の事業未だ普く辺隅に及ぶこと能はず、今全土に通じて拓地植民の実業を挙ぐるが為に、従前置く所の各庁分治の制を改むるの必要を見る」というものでした。

金子堅太郎（かねこ　けんたろう）
嘉永6（1853）—昭和17（1942）年
筑前国（福岡県）出身、明治期の官僚・政治家

という人が七十日間北海道を調査に歩いて明治政府に報告、復命しています。

■「北海道三県巡視復命書」

金子堅太郎の「北海道三県巡視復命書」＊という明治一八年の有名な報告書ですが、この中で一番大きな内容が、「三県と北海道事業管理局という三県一局制度は非常に非効率的で、廃止すべきだ」というものです。その翌年にはそれに基づき、明治政府は三県という制度を廃止してしまいます。

しかし、ここにあるように、「北海道は土地荒漠住民稀少にして、富庶の事業」、つまり民間の事業はまだ、あまねく及んでいないということです。「全土に通じて拓地植民の実業を挙ぐるが為に、従前置く所の各庁分治の制を改むる」、要するに、三県に分かれて各県ごとに庁舎を作り行政をするのは、改めることが必要だということです。

この金子堅太郎という人、実は月形潔さんと同じ福岡藩出身で、非常にエリートで、ハーバード大学に留学してアメリカ人とも親しくて、ルーズベルト大統領と学友になったそうです。日露戦争の時にその人脈が生きています。この人がアメリカの議会で演説したことで、アメリカが日本に好意的になり、ロシアに対抗するということで日本に対する融資を出しました。明確な支援ではないですが、アメリカが日本に好意的にしてくれている橋渡しをしたという大きな役割を果たした人です。

■集治監ノ囚徒ヲ道路開鑿ノ事業ニ使役スル事

そして、その人がもう一つ大きな提言をしているのが、集治監の囚徒を道路開削に使いなさいということです。少し読みづらいですが、次のくだりです。

「札幌及ビ根室二県ニ在ル集治監ノ囚徒」ということは、札幌圏と根室圏ですから、樺戸と空知と、根室の釧路集治監の「囚徒ヲシテ之ニ従事セシメントス。彼等ハ、固ヨリ暴戻ノ悪徒ナレバ其苦役ニ堪ヘズ斃死スルモ（死んでも、）尋常ノ工夫ガ妻子ヲ遺シテ骨ヲ山野ニ埋ムルノ惨状ト異ナリ」、要するに、雇われた工夫が妻子を内地に残して、骨を山野に埋めるのはかわいそうだけど、「重罪犯人多クシテ、徒ラニ国庫支出ノ監獄費ヲ増加スルノ際ナレバ、囚徒ヲシテ、是等必要ノ工事ニ服従セシメ、若シ之ニ堪ヘズ斃レ死シテ、其人員ヲ減少スルハ、監獄費支出ノ困難ヲ告グル今日ニ於テ、萬己ムヲ得ザル政略ナリ。」

監獄の経費が膨れ上がって大変な今日においては、やむを得ざる選択だということです。死んでしまえばそれだけ経費もかからなくなるのだからどっちにしても得だということです。

「北海道ニ於テ、尋常ノ工夫」、普通の雇われ工夫は「概シテ一日ノ賃銭四拾銭ヨリ」下らないということです。「囚徒ハ、僅ニ一日金拾八銭」、半分以下ですね。「然ラバ則チ、囚徒ヲ使役スルトキニハ、此開築費用中、工夫ノ賃銭ニ於テ、過半数以上ノ減額ヲ見ルナラン。」要するに経費は半分以下になるということです。「是レ実ニ一挙両全の策ト云フベキナリ。」だいたいわかるでしょう。ひどいですよね。要するに、「こいつら使って、死んでもいいんだ」ということです。そうしたら経費は安くなるということです。本当に、人間扱いじゃないです。ハーバード大学出のエリートがこういう報告書を書くなんて信じられないです。

しかし実は、この内容は山県有朋が、すでに前の年に書いています。なので、それを代弁して書いたのではないかと思います。

■札幌農学校廃止論

もうひとつ大事なことがあります。札幌農学校廃止論というのがこのときかなり出てきています。実はそれを最初に取り上げたのが、この金子堅太郎さんです。「全ク学理的ノ農学ヲ教ユル目的」というアマースト農学校を模範として、札幌農学校は、「高尚ニ過ギ、開墾ノ実ニ暗シ」、現実離れした理論の世界で、開墾するための実際的な知識に暗い机上の空論ということです。「拓地植民ノ実業ニ裨益(ヒエキ)ヲ与ヘザルハ、信ジテ疑ハザル所ナリ」つまり開拓植民の実業に役に立たないのは明らかだとされ、札幌農学校は大変な危機に直面します。

それに対して佐藤昌介さん、札幌農学校でクラークに学んだ第一期生で、アメリカ、ドイツに留学し、帰国後農学校長、さらに後には北海道帝国大学の初代総長になった人ですが、この人の意見がかなり格調高いです。

「然ルニ論者アリ開拓使ノ事業中札幌農学校ノ設立ヲモッテ其最モ不適当ノ事業ナリトシ且(カツ)英米ノ殖民地農学校ノ設ケナキモ開拓盛ンニ行ハレ」、要するに、英米では殖民地に農学校がなくても開拓が盛んに行われているということです。「耒耜(ライシ)ヲ取リテ荒蕪(コウブ)ノ地ヲ開拓スルノ人ハ農学校出身ノモノニ非(アラ)ズトナシモッテ札幌農学校ヲ無用視セシモノハ実ニ彼我(ヒガ)ノ情勢ヲ審(ツマビラ)カニセザル浅見ノ評論ト云ハザルヲ得ザルナリ」、つまりすきを取って荒地を拓く者は農学校出身ではないとして、札幌農学校を無用視するのは、こちらの状況をよくわかっていない浅はかな考えだ、ということです。そして「大ニ農学校ヲ利用シモッテ拓土殖民ノ事業ヲ翼賛セシママラルルハ道庁殖民政略上ノ得策ニアラズシテ何ンゾヤ」、農学校を活用してやっていくのが、道庁殖民戦略の得策であると。

北海道庁初代長官　岩村通俊（いわむら　みちとし）
天保11（1840）―大正4（1915）年
土佐藩士・官僚・政治家　北海道開拓の重要性を政府に説き、北海道庁設置を働き掛け、明治一九年に設置されることとなり初代長官に任命される。

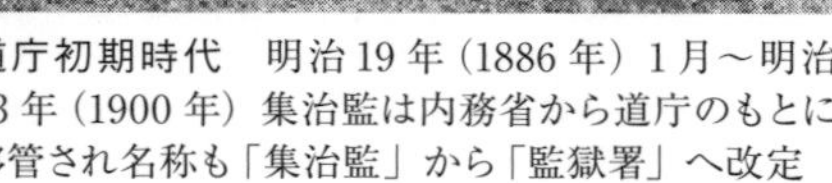

道庁初期時代　明治19年（1886年）1月～明治33年（1900年）集治監は内務省から道庁のもとに移管され名称も「集治監」から「監獄署」へ改定

相当国会でも議論になったみたいですが、結局これでなんとか札幌農学校を残すということになりました。

■道庁初期時代

その後明治一九年には、三県時代が終わり、北海道庁が置かれます。もう一回整理すると、明治二年に北海道開拓使という特別な組織ができましたが、その後明治一五年に三県が設置され、本州各県と同じような機構になりましたが、それもあまりうまくいかず、今度は北海道庁というものが新設され、北海道開拓が任されることになったわけです。今の北海道庁とはまた少し違うみたいです。今の北海道は県と同じように地方自治の機関ですが、それに国土交通省の中にある北海道開発局というものが一緒だった感じです。国の機関と地方自治が一緒になったような形ではないかなと思います。

実はそのとき、集治監は国の内務省直轄の機関でしたが北海道庁のもとに移管され、名称も「監獄署」に改称となります。監獄署の本監は月形にある樺戸集治監で、あとは分監という扱いになりました。北海道の監獄の元締めが月形にあったわけです。北海道庁初代長官は岩村通俊という人で、土佐藩の出身です。その当時、まだ土佐の出身の人は北海道開拓の中では多くありませんでした。当時はかなりの部分を薩摩藩が牛耳っていましたが、明治政

樺戸集治監二代目典獄
安村治孝（やすむら　はるたか）
弘化元（1844）―明治42（1909）年
長州藩士、明治5年警保少属、同7年権大警部、同9年市谷囚獄署長、同10年西南の役の祭には3等大警部を以って、陸軍中尉に転じ新撰旅団八代第4番警視隊小隊長となり鹿児島城山で活躍、同12年警視庁懲役署長、同14年警視庁石川島監獄署長、同16年宮城集治監典獄、同18年樺戸集治監典獄、同24年退職

府は北海道開拓の重要性を説き、北海道庁の設置を働きかけたこの人を送り込みました。

■樺戸集治監二代目典獄　安村治孝

樺戸集治監初代典獄月形潔は明治一八年に退官、安村治孝が二代目典獄となります。薩長の長州山口県の士族で、かなりやり手の官僚です。西南の役のときに、西郷隆盛の首根っこにかじりついて戦ったと言われている人です。土木に明るい人だったみたいで、だから樺戸集治監の典獄になってから、道路開削に囚人を駆り立てる大きな役割を実は果たしたらしいです。

この人のやった仕事は、まず手始めに月形から峰延を経て市来知（三笠）の空知集治監を一直線に結ぶ樺戸道路（峰延道路）です。樺戸と空知の集治監は、近くにありながら二つを結ぶ道路がなくて、もし囚人が暴動を起こしたら……と、両監の典獄が連署で願い出て開削を許可されたものです。石狩川にもまだ橋が架かっていなかったので、石狩川は船で渡って、そこから一直線に道路を作りました。前にもお話しましたが、この土地は泥炭地で、かりだされた囚人たちはたいへんな苦労をして開削にあたったわけです。

上川道路

明治19年～23年（1886～1890）

空知太～忠別太（旭川）6月、空知太～市来知（三笠）は8月に竣工し、市来知から忠別太までの仮道路が開通した。

さらに明治20年6月から明治22年9月にかけて樺戸・空知集治監によって全線改修し、22年に岩見沢～忠別太の上川道路が仮開通、23年に完成した。これによって札幌と旭川が本格的馬車道でつながった。空知から滝川までは空知集治監が担当、滝川から旭川永山町まで樺戸集治監が担当

当時の旭川までの交通

道路
鉄道
駅逓所
忠別太(旭川)
深川
音江法華
空知太(滝川)
奈井江
石狩湾
月形
沼貝(美唄)
岩見沢
石狩
当別
札幌

■上川道路

それから道路開削が矢継ぎ早に始まります。空知集治監から、今度は旭川に向かって上川道路が明治一九年から作られます。空知太（現在の砂川—滝川の間）から市来知（いちきしり）（三笠）の間をまず八月に竣工し、さらに空知太から忠別太（旭川）までの仮道路が開通します。翌年から本格的工事に着手、空知川を界に北の忠別太までを樺戸集治監、南の市来知までを空知集治監囚人たちの労役で、明治二二年九月にかけて全線改修して、二三年開通します。これで札幌から旭川は馬車道でつながったということになります。先ほどの岩村長官たちにとっては旭川が戦略的に北海道の中心で、非常に大事な位置にあるため、いち早く道路を通そうということで、この作業に囚人たちを使ったということです。この上川道路は今の国道12号線、北海道の幹線道路ですが、何もない原野に作ったのでまっすぐな所が多いですね。美唄—砂川間は、このように日本一の直線道路です。

開通当時の姿

直線道路日本一の
美唄—砂川間の現在の姿

永山屯田兵屋
明治23年9月20日に旭川、永山、神居の3村が設置される。明治24年に永山村の東・西兵村（現永山）、明治25年に旭川村の上・下兵村（現東旭川）、明治26年に永山村字トオマの東・西兵村にそれぞれ400戸、合計1200戸が屯田兵として入植して、上川地方の本格的な開拓が始まった。樺戸・空知の集治監も兵屋の建設に従事した。

■道央への屯田兵の入植と三村設置

この上川道路の開通によって、沿線には屯田兵がどんどん入植していって、道央の開拓が急速に進んでいきます。明治二三年九月に上川郡に旭川、永山、神居の三村が設置されました。旭川は今大きな街ですが、明治二三年になるまで拓かれず、まだ村がありませんでした。樺戸、月形村は明治一四年ですから、旭川・永山・神居より九年も前に村が始まっていました。

この三村に、屯田兵がどんどん入ってきて、合計一二〇〇戸が入植しています。これは当時の永山の屯田兵屋を再現したものです。囲炉裏の煙を出すのに小屋根が作ってありますね。樺戸と空知の集治監の囚人たちも、兵屋の建設に随分使われました。当時は大工さんも結構いましたが、評判では、囚人の作った家のほうが丈夫で長持ちしたと言われています。というのは、やはり囚人の中に腕の立つのはいて、それと民間の大工さんもかき集められていましたが、腕のいい奴は本州でちゃんと仕事が入ってきますから、わざわざ来たりしません。なので、囚人の作った家のほうがよかったという評判です。

■中央道路（北見道路）の開削

明治二二年から旭川から北見、網走に向けての中央道路（北見道路）の開

1889（明治22）年
空知監獄署囚人により忠別太～網走間仮道路の開削開始。8月完成

1890
釧路監獄署が中央（北見）道路開削のため、網走最寄に網走囚徒外役所を設置、一二〇〇人の囚人が送りこまれる。
空知監獄署により忠別太（旭川市神居）～エーカウス（伊香牛）間道路着工。10月完成

1891
釧路集治監網走分監となる
4月～12月の間に網走～北見峠間の中央道路一六〇kmが完成

1892
越歳（一号）から野上（六号）までの駅逓開設

1893
滝ノ下（七号）、中越（九号）駅逓開設

1897
北見市に屯田兵第一陣入地

（『北海道道路誌』より作成）

小池喜孝『鎖塚―自由民権と囚人労働の記録』

削が始まります。今度はここに空知集治監だけでなく、釧路集治監が登場してきます。釧路監獄の人たちも大変です。硫黄鉱山で硫黄を吸い込みながら硫黄の採掘をして、道路の開削にも駆り立てられるということです。今一番有名なのが網走監獄ですが、これはこの道路を作るために、中継地点の網走に仮監獄を作ったところから始まりました。このようにして空知集治監からは忠別、伊香牛に向かって、釧路集治監からは網走から旭川へと、どっちが先につくかと、両方から競争させたようです。かなり急がされていたのでしょう。吉村昭の『赤い人』の中にこうしたことが詳しく書かれています。

■囚人道路沿道の慰霊碑

こうした開削工事は劣悪な環境のもと、深夜に及ぶ過酷な労働を強いられ、たくさんの囚人たちが倒れ、死んでいきました。中には逃亡を防ぐために両脚に鉄の重しを鎖で付けられたり、鉄鎖に二人一組でつながれたりもし

瀬戸瀬囚人墓地から発掘された 46 柱の遺骨
（昭和 33 年撮影、秋葉実氏提供）

鎖塚と供養碑（北見市端野町）

北見峠慰霊碑（白滝村）

端野二号駅逓

三号駅逓（北見市）

六号駅逓（遠軽町）

屯田兵の入植

━ 1882　樺戸集治監開設
1883　空知集治監開設
1885　釧路集治監開設 ━

●札幌市（1875~1889に入地）
［1］琴　似（1875）と、発寒（1876）
［2］山　鼻（1876）
［6］新琴似（1887）
［9］篠　路（1889）

●江別市（1878~1885に入地）
［3］江　別（1878）と、篠津（1881）
［4］野　幌（1885）

●根室市（1886~1888に入地）
［5］東和田（1886~）
［8］西和田（1888~）

●室蘭市（1887に入地）
［7］輪　西（1887~）

━ 1890　上川道路開通 ━

●滝川市（1889~1894に入地）
［10］南滝川（1889）
［13］北滝川（1890）
［23］南江部乙（1894）
［24］北江部乙（1894）

●釧路管内厚岸町（1890に入地）
［11］南太田（1890~）
［12］北太田（1890~）

━ 1891　中央道路開通 ━

●旭川市（1891~1892に入地）
［14］西永山（1891~）
［15］東永山（1891~）
［19］下東旭川（1892~）
［20］上東旭川（1892~）

たようで、土饅頭の塚からはこうした鎖につながれた人骨が出土し、鎖塚と呼ばれています。北見市の端野町に残っている鎖塚と供養碑が残っています。小池喜孝氏の『鎖塚』は、自由民権運動で投獄された活動家たちの足跡を辿り、囚人労働の悲惨な実態を詳細に記録した労作です。

瀬戸瀬囚人墓地では、昭和三三（一九五八）年、地元の人たちが現場を発掘し、四六柱の遺体を収容して、ちゃんとした墓地にねんごろに移葬するということをしています。

このほかにも、沿道には開削犠牲者の慰霊碑がいくつかあります。最大の難所、北見峠の頂上にも、殉難者慰霊の碑が建てられています。また道路が開通すると沿道の要所に駅逓が設置され、宿泊や人馬の交替、郵便物取扱いの業務にあたりました。

■屯田兵の入植

北見道路ができて始まったのが、屯田兵の入植です。琴似には明治八（一八七五）年に一番先に屯田兵が入りました。それから発寒、山鼻、新琴似、篠路と、札幌近郊に屯田兵が入植しました。道庁、北海道の役所を守るということで札幌近郊に屯田兵を配属したのだと思います。樺戸集治監は明治一四（一八八一）年、その翌年に空知集治監が開設し、明治一八（一八八五）年に釧路集

●美唄市（1891）
[16] 美　唄（1891）
[17] 高志内（1891）
[18] 茶志内（1891）
●上川管内当麻町（1893に入地）
[21] 西当麻（1893～）
[22] 東当麻（1893～）
●空知管内秩父別町（1895に入地）
[25] 西秩父（1895）
[26] 東秩父（1895～）
●深川市（1895に入地）
[27] 北一已（いちやん）（1895）
[28] 南一已（1895）
[29] 納内（おさむない）（1895）
●北見市（1897に入地）
[30] 下野付牛（端野）（1897～）
[31] 中野付牛（1897～）
[32] 上野付牛（相内）（1897～）
●網走管内湧別町（1897に入地）
[33] 南紋別（南湧別）（1897～）
[34] 北紋別（北湧別）（1897～）
●上川管内剣淵町（1899に入地）
[35] 南剣淵（1899～）
[36] 北剣淵（1899～）
●士別市（1899に入地）
[37] 士　別（1899～）

治監開設。明治二三（一八九〇）年には上川道路が開通して、その翌年中央道路が開通します。この年表を見たら、道路開通と前後して、次々と屯田兵が入植入地していったのがわかりますね。集治監による道路開通で、屯田兵の入植が一気に進んだということです。

こうして、合計三七兵村三九九〇一人の屯田兵が次々と北海道に入ってきました。沿岸地には早くに入っていますが、内陸部に入るのはほとんどその道路ができてからです。

【屯田兵入地図】

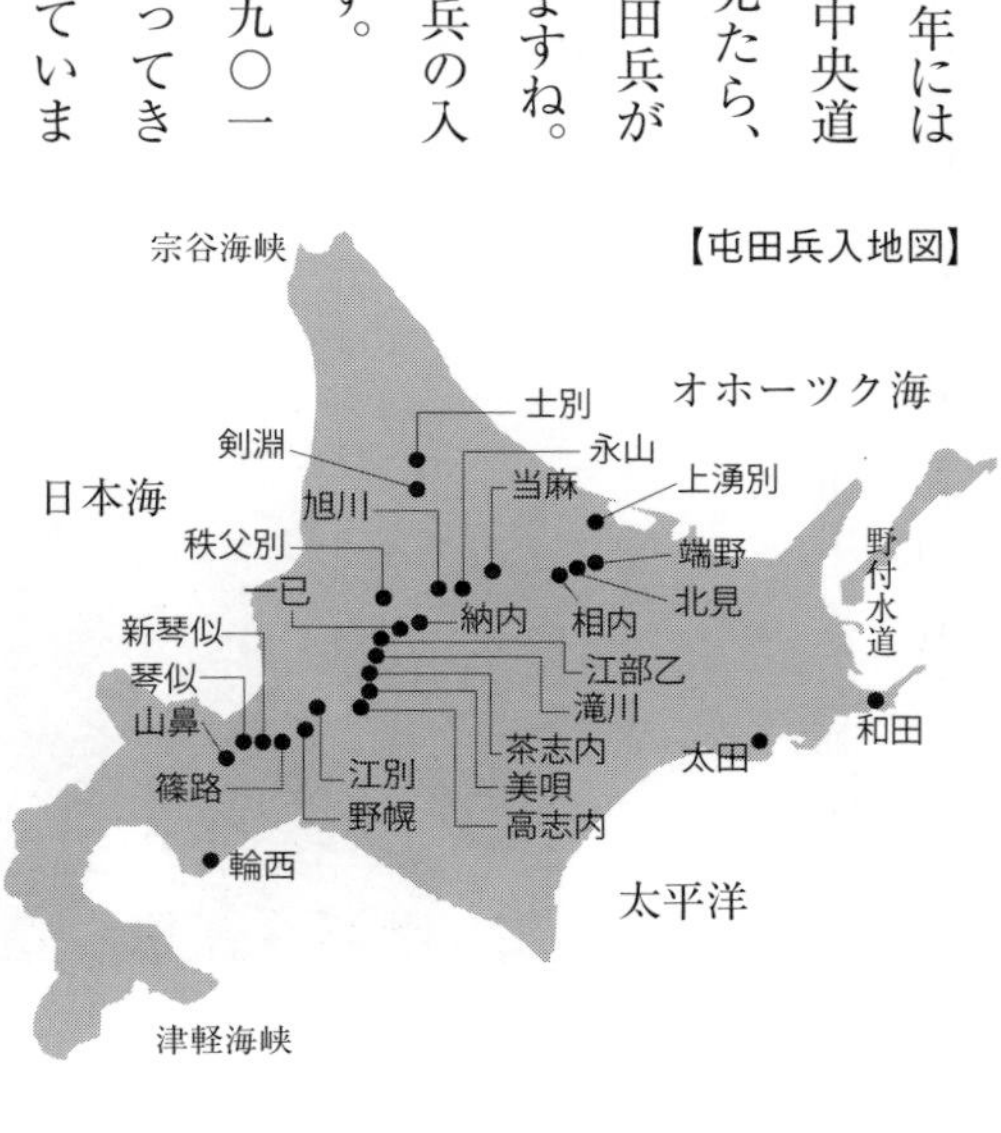

当時の屯田兵の写真が残っています。これは、おそらく屯田兵を募集するためのパンフレットか何かに利用された写真だと思います（次頁右上）。自慢気にいろいろな採れた野菜を全部並べています。馬も三頭もいるし、俵や道具も並べています。鍬もこれ見よがしに置いています。お父さんはちょっといい服を着ていて、屯田兵で入植したらこうやって豊かな生活ができるのだということを、アピールしたかったのではないかと思います。家も立派ですし。

左上の写真は、出典はわかりませんが、部落の人たちが集まって撮った写真だと思います。みなさん、やはりそれなりに一張羅を着て集まって、写真を撮ったものだと思います。

下の写真は一番大きくて有名な永山の屯田兵村です。今は旭川市内ですが、昔は永山村と言っていました。道路が真ん中にありますが、その両方に排水溝があります。まず水を抜いて、道路の水はけをよくします。そして、その両脇に屯田兵の住宅を配置しています。今は国道になっていると思います。ここにもやっぱり囚人達の労働が、かなり使われていたみたいです。

屯田兵村（現旭川市）

■屯田兵から第七師団へ

ここから時代が下り、現代に近くなっていきます。旭川の第七師団*のことを聞いたことがありますか。通称熊軍団とか熊部隊とか言われていて、当時

＊旭川第7師団

鎮台を母体に編成された内地の常設師団とは異なり、第7師団は1885（明治18）年に北海道の開拓と防衛を兼ねて設置された屯田兵を母体とし1896（明治29）年5月12日に編成された。

補充担任は旭川師管区で、北海道内を旭川連隊区・札幌連隊区・函館連隊区・釧路連隊区と4つに分けて徴募に当たり、北海道の兵士で構成される建前であるが、北海道は人口が希薄であった為1万の兵力は捻出できず、実際には東北地方出身の兵も加えられた。

第7師団の編成が終わるのを待つようにして始まったのが日露戦争である。開戦から半年後の1904（明治37）年8月、同師団の歩兵隊に出動命令が下り、乃木希典大将率いる第3軍に加わった。旅順要塞の203高地攻撃の白兵戦では先陣に立ち、勝利に貢献すると同時に多くの将兵が命を落とした。

1937（昭和12）年7月に始まった日中戦争とその後の第2次世界大戦での第7師団は、ある意味では〝悲劇の師団〟であった。

1939（昭和14）年、日ソが激突したノモンハン事件では5倍強のソ連軍と戦って師団は1500余人の戦死者を出した。1942年には南太平洋の孤島ガダルカナルで、1943年には北のアッツ島でそれぞれ守備隊に加わり、何倍もの米軍の猛攻にさらされてほぼ全滅の大悲劇に遭っている。さらに師団の一部は、最後の戦いとなった沖縄戦にも参加している。

の日本最強の師団だったらしいです。その母体は、実は屯田兵でした。おそらく明治政府の構想もあったのではないかと思いますが、北海道の開拓と防衛を兼ねて設置された屯田兵を母体として、明治二九（一八九六）年に第七師団が創設されました。

内地の常設師団とは異なり第七師団は、当初非常勤の兵隊さんでした。いつもは農耕をやっていて、いざというときに兵隊さんになるということで日常的に訓練をしていました。しかし、それでは専門的な防衛ができないということで、第七師団は内地の職業軍人と同じような軍隊になっていきました。

当時北海道では、旭川連隊、札幌連隊、函館連隊、釧路連隊と四つに分けて兵隊さんを集めていました。基本的には北海道の兵士で構成されるのが建前ではありましたが、北海道は人口が希薄であったため、一師団を構成する一万の兵力は捻出できないため、実際には東北地方出身の兵も加えられたそうです。

最後になりますが、この師団は悲劇の第七師団と言われています。これはいろいろなところで語られていますが、第七師団の編成を待つようにして始まったのが日露戦争です。『坂の上の雲』という司馬遼太郎の小説にもそのことがあります。明治三七（一九〇四）年に日露戦争が始まりましたが、第七師団の歩兵隊に出動命令が下され、乃木希典率いる第三軍に加わりました。不落の要塞と言われた二〇三高地を、多数の犠牲を出して陥落させたことで有名な乃木希典は、司馬遼太郎に愚将と言われています。その二〇三高地で、実は第七師団のかなりの連隊が犠牲になっているらしいです。

その後、ずっと下って昭和一二（一九三七）年、日中戦争とその後の第二次世界大戦で第七師団は悲劇の師団であったと言われています。昭和一四年に、ソ連軍と激突したノモンハン事件は、五倍強のソ連軍と戦って、一五〇〇人あまりの戦死者を出したという愚かな戦いだったと、司馬遼太郎は言っています。実は、司馬遼太郎も戦車軍団で戦地に一回行って、戻ってきて、参加していないですけれども、ノモンハン事件にはすごくこだわりがありました。なぜこのような愚かな戦いが起きたのかということを、本当は生涯のテーマにしたいと言っていたらしいです。資料は大量に集めていましたが、司馬遼太郎は書けませんでした。その後『ノモンハン』という本を書いた人もいました。

日本は、反省というか総括というか、そういうのがまだできていません。そのあとのガダルカナル島もそうです。三〇年ぐらい前に発行された、軍事研究の先生方が書いた『失敗の本質――日本軍の組織論的研究』（戸部良一ら一九八四）という本がありますが、なぜ日本が失敗し、太平洋戦争に負けたのかということをいろんな側面から書いてあって、当時話題になっていました。実は最近も話題になっています。この第七師団が犠牲になったような日中戦争、太平洋戦争を、日本人は、これからの国造りにどう活かしていくのでしょうか。

■第七師団と沖縄

第七師団の人たちは、実は沖縄戦にも駆り出されています。日中戦争から沖縄戦に転戦した人たちもいますし、いきなり沖縄に送られた人もいます。北海道守備のくま部隊（第七師団）に配属され、戦後は北海道タイムスの記者となった清水幸一さんは、太平洋戦争末期、日本で唯一地上戦が行われた沖縄戦の記録をインタビュー記事にまとめて連載しました。「七師団戦記ああ沖縄――戦没一〇〇八五柱の霊に捧ぐ――」は、戦場から生還した住民と兵士の証言、日記、手記が織りこまれ、一九六五（昭和四〇）年四月一日から、北海タイムス紙上に二六七回にわたって掲載されました。今、それを月形町在住の奥さまの清水藤子さんが中心となって復刻をすすめ、月形の若者達が今ネットにアップして、その歴史を読み取るという活動をしております。

最後は少し脱線気味でしたが、今日の結論は、初期の北海道の基盤を切り開いたのが、監獄の役割だったということです。

第4講

2018. 1.23

日本の社会事業のさきがけとなった人々

「北海道バンド」と呼ばれたクリスチャンたち

水崎基一

留岡幸助

生江孝之

牧野虎次

原　胤昭

はじめに

今回は、月形で教誨師をされた方たちのお話をしようと思います。こういう視点で樺戸集治監について語られたものはあんまり見たことないので、そういう意味では密かに画期的な取り組みかなと思っています。

ここに五人の人の写真を載せました。樺戸に来てない、釧路で終わった人もいます。それともう一人、有馬四郎助という人がいまして、その人は教誨師じゃなくて看守だったんですが、後にクリスチャンの洗礼を受けて、〝愛の典獄〟というように囚人たちにすごく慕われた方です。その有馬四郎助の話は間に合わなかったので、別にまた機会を設けたいと思います。とにかくこの五人の人たち、それにプラス、最初のときにお話した大井上輝前さんという典獄さん、刑務所長さんの話を絡めて、その当時の樺戸集治監の果たした役割というものに迫ってみたいと思います。

一．「北海道バンド（樺戸グループ）」と呼ばれたクリスチャンたち

（一）生江孝之

生江孝之（なまえたかゆき）の自伝『わが九十年の生涯』から話します。生江孝之と樺戸との

生江　孝之（なまえ　たかゆき）
陸奥国仙台（現・宮城県仙台市）出身
慶応３（１８６７）～昭和32（１９５７）年
明治27年（１８９４）～29年　樺戸教会の牧師を勤める

宮城中学在学中に洗礼を受け、明治19年伝道師を志して上京、東京英和学校（現・青山学院大学）に学ぶ。北海道で伝道に従事した後、再上京、青山学院神学部に入学。33年渡米、ニューヨークの社会事業学校、さらにボストン大学で社会学、神学を修めた。36年帰国、日露戦争後の軍人遺家族救護に当たり、内務省、大阪市、宮城県各嘱託、44年医療事業のための済生会創設に関わり、のち社会部理事長。大正7年日本女子大学教授となり社会事業講座を担当。欧米を始め世界各地の社会事業施設の調査に出張し、児童保護、監獄改良に尽力、社会事業の父といわれた。著書に自伝『わが九十年の生涯』のほか、『社会事業綱要』『細民と救済』『児童と社会』『日本基督教社会事業史』など

縁は、明治二七～二九年まで足かけ三年間、月形にある樺戸教会というプロテスタントの教会で牧師をされていたことです。直接監獄に携わったわけではありませんが、監獄の典獄や教誨師たちの支えになった方です。生江孝之は宮城の出身です。宮城中学の時に洗礼を受けて、一八八六（明治一九）年に伝道師、宣教師を志して上京し、東京英和学校（現在の青山学院大学）に学びました。そして、北海道に来て伝導に従事、これは樺戸の教会の牧師になったということです。その後、いろいろな社会事業に携わり、済生会を創設します。済生会とは、明治天皇が呼びかけて立ち上げたもので、渋沢栄一や当時の財界の有力者が支援していました。今は秋篠宮親王が総裁をしています。

もう一つ、現在の全国社会福祉協議会の元になった組織を立ち上げました。ただし、この人は偉い立場ではなくて、両方とも事務方として組織の実務を支えました。生江孝之自伝の中にこのような文章があります。

> 北海道は私の最も思い出多き憧憬の地である。なぜなれば、北海道に於ける三ヵ年の生活が、私の全生涯を支配するに至ったからである。
> …それは北海道集治監に於けるクリスト教教誨師の問題である。

一、北海道集治監に於けるクリスト教教誨師の採用に関する経過。
二、その当時クリスト教者の非常に少ない時代に拘らず、教養ある有為の青年を採用し、よくその事業を整えて成果を挙げ得たこと。
三、彼等教誨師の小さきグループが……「樺戸グループ」と称し、その多くは全生涯を社会的弱者の保護育成と、更に福祉増進の為に捧げたが、これは我が国社会事業発達史上に大いなる足跡を残したこと。

北海道には明治一四年に樺戸集治監、明治一五年に空知集治監、明治一八年に釧路集治監が夫々設置された。思うに政府が内地に於ける、兵庫仮留監及びその他二、三の仮留監より流刑徒刑の重大犯を、多数北海道集治監に送り込む方針を取るに際して、これらを管理する典獄の人選については、何れも慎重な考慮を払った模様である。就中、一八年に設置された釧路集治監は、硫黄鉱山として最も難航の称あるものであったので、此の釧路集治監典獄として大井上輝前氏の任命は、その結果に於いて単に北海道の獄制史上に、一大革新を与えたのみならず、これが縁となって、広く我が国社会事業の進展に寄与することろ、頗る大なるものがあったことは、見逃し得ざる事実である。

（生江孝之　自伝『わが九十年の生涯』より）

生江さんは、自らの北海道での経験に、最大限の評価をしているわけです。ここで大井上輝前さんについても高く評価しています。どういうことなのか、つぎに見ていきます。

大井上輝前（おおいのうえ　てるちか）
嘉永元（1848）年―明治45（1912）年
伊予大洲藩（愛媛県）士族
幕末にアメリカ留学し英語習得
明治2　箱館府4等弁官（通訳）に出仕
明治4～8　ロシア出張　対露渉外事務
　千島樺太交換条約交渉団に参加
明治17　内務省監獄局勤務　北海道集治監建設事務取調
明治18　釧路集治監典獄
明治24　北海道集治監典獄（樺戸）
明治28　非職
　札幌居住（北8条2丁目17番地）
明治32　札幌区会議員初代議長選任
明治40　東京へ移住
明治45　逝去

（二）大井上輝前の生涯

それでは次に、大井上輝前（おおいのうえてるちか）について、まず彼の生涯を紹介します。

今の愛媛県、伊予の大洲藩出身の士族です。一八八四（明治一七）年に釧路集治監の用地選定に携わりその後、釧路集治監の典獄になり、一八九一（明治二四）年に樺戸集治監の三代目の典獄になります。樺戸集治監は、この時から北海道集治監本監という位置づけになっています。集治監はそれまで内務省の管轄だったのが北海道の道庁の管轄になり、樺戸、空知、釧路、後に網走にも出来ますが、それら北海道の集治監を統括する本部が樺戸です。その樺戸の典獄ということは、大井上は北海道全体を統括する監獄長官みたいな位置づけになったわけです。

重松一義『北海道行刑史』の中に、次のように書かれています。

> 黎明期の名典獄大井上輝前の事蹟は、近代行刑を認識する上において欠くことが出来ない。しかしながら今日まで、此の人ほどその功績

に比し評価賞揚の乏しい典獄もまた稀である。

なぜそれほど評価が乏しいのか、よく分からないですが、クリスチャン典獄だったということが根底にあるかもしれません。

大井上はどういう人生を歩んできたのでしょうか。当時の状況の中で彼の生まれた愛媛、伊予大洲藩は歴史の中にはあまり話題に上りません。薩摩、長州、伊予でも宇和島藩とかは結構話題に上りますが、大洲藩は出て来ません。しかし、松山や宇和島の近くで、海を隔てるとすぐ九州なので、いろいろな意味で刺激を受けていたところではありました。地味だけども開明的な政策が行われていたらしいです。どちらかというと軍事よりも蘭学、学問の方に力を入れていて、三瀬周三という、シーボルトの孫と結婚した方が大洲にいたらしいです。砲術の俊才、玉林治衛門もいました。

こうした背景からだと思いますが、大井上は一〇代で西欧事情の見聞と語学習得のためアメリカに留学して、キリスト教と接して影響を受けたということです。戻ってきて明治二（一八六九）年、函館府四等弁官（通訳）に出仕して官僚になります。当時、オランダ語をしゃべれる人は結構いたらしいですけど英語はわりと少なかったのですね。福沢諭吉もそうですが、英語を勉強した人たちはいろいろな面で活躍します。次に、外務官僚として、明治四（一八七二）年から明治八（一八七五）年にかけて断続的にロシアに出張します。この時、榎本武揚もおそらく一緒だと思います。榎本武揚もロシアに詳しく、いろいろな情報を開拓使次官・黒田清隆にフィードバックしていたらしいです。そして明治八年、千島・樺太交換条約の交渉に黒田清隆が行く時、大井上は事務方として参加します。非常に優秀な官僚で、この時の評価で慰労金をもらい昇進しています。

明治一七（一八八四）年、外務方から急に内務省に移動になります。しかも、監獄局。その背景にはなかなか難しい問題があったようです。異動になってすぐ北海道集治監、いわゆる釧路集治監の建設用地の選定や、その準備に事務取扱で派遣されます。そしてそのまま明治一八年、釧路集治監の典獄として、自分が選定して指揮した新しい集治監の典獄となります。

明治二四（一八九一）年に樺戸に来ますが、樺戸が本監になって北海道の四つの集治監を束ね、北海道全体を統括する立場になっていきます。ただ、それも長く続かない。いろいろな面で非常に手腕を発揮するのですが、残念ながら明治二八（一八九五）年に不敬事件という風評がたてられ、辞職という形で退官しました。札幌の北八条二丁目、北大の近くに住んで札幌区議会議員になり議長までやります。札幌で大井上という名前はあまり知られていませんが、その後、東京に移住して明治四五（一九一二）年に亡くなります。

（三）大井上の功績

大井上さんの生涯をざっとたどってみましたが、先ほどの本で重松さんが大井上を「近代行刑を認識する上において欠くことができない」とした功績とは、どういうものでしょうか。

一つは、**釧路集治監の開設時に一七一名の看守を全国から公募したこと**です。これは画期的なことです。今で言えば当たり前ですが、当時このような、しかも監獄の看守という非常に国家権力の中枢になるような役職を公募することは初めての試みだったんです。その時、後に〝愛の典獄〟と言われる有馬四郎助を看守長に抜擢します。

二つには、**アトサヌプリ硫黄山の囚徒の惨状を率直に認め、安田財閥の安田善次郎との契約を即刻破棄したこと**です。これは教誨師・原胤昭の進言によるものですが、重松さんの『北海道行刑史』には、「国家的に擁護せられた鼻息荒い資本主義体制の蓄積期に当たる当時、使用者側に立つ一典獄が人道的立場から果敢に廃止に踏みきったものとして、日本鉱山労働史に異彩を放つものである」とあります。この時、本州の鉱山ではもっと残虐で前近代的なことが行われていたと思います。

三つめには、**北海道庁より請け負った道路工事の推進**。当時の北海道集治監の使命は単に罪囚の収監ではなく、開拓そのものだったと言ってもいいわけです。「樺戸、空知、釧路の各集治監は夫々この一翼を担ったわけであるが、釧路の分担としては網走より、北見石狩国境に至る延長四〇里、まず、囚人宿泊所を建設」。約一六〇キロです。今の網走監獄は最初、道路を作るための囚人の宿泊場所でした。

四つめには、**大農法の採用とその成功**。網走が農業集治監ということになっていますが、釧路、網走はご存知の通り広大な畑作地帯、酪農地帯になっています。アメリカ的な機械農業の方式を導入しました。

五つめには、**キリスト教を中心とした教育の採用**です。当時、北海道集治監の護送を待つ兵庫仮留監の囚徒の間には「北海道に行けば殺される」と不穏な取り沙汰がされて護送の危険が高まっていたらしいです。この時、原胤昭が同行しました。彼は初めて北海道を訪れます。彼は元々、神戸で教誨師をやっていまして、囚人たちに生きる希望を持てと教誨していました。北海道には希望があるぞと原胤昭は囚人たちに教えて、彼らを更生させようとしたんです。では、自分の言ったことは本当に北海道で実現されているのか、と彼は確かめに来るのです。ところが、実際に北海道に来てみたら実はそれどころでないということで、さっきの話になっていくわけです。怒りますよね、自分が囚人たちに、希望を持って北海道に行けといったのに、北海道に行ってみたら、硫黄山で働かされてバタバタと死んでいく。やっぱり、囚人の言っていたことは本当だったということになってしまう。原胤昭は大井上に直訴して、囚人労働をやめさせるということになったわけです。

六つめには、**洋式の文化様式を積極的に取り入れ、地域社会の改善奉仕に努めました**。これが有名な〝監獄ベースボール〟です。日本で初めて囚人に野球を教えたのですね。それが全国に普及します。今、月形刑務所ではもう野球はやっていませんけども、ソフトボール大会はあります。囚人たちがグループに分かれて争う。町長も呼ばれて行くらしいですが、非常に盛り上がるそうです。もしその時に、ちょっと暴れたり、なにか悪いことをすると出場禁止になるので、その時だけは囚人たちも真面目に努めるらしいです。

それから月形町に幼稚園、水道も作った。山の方に昔の水道の跡が発見されています。樺戸博物館に丸太をくりぬいた水道管があります。四〜五キロあったと思いますが、山の方の水の出るところから監獄まで水道を引きました。民間の施設では初めてだそうです。こうして、地域社会に貢献する新しい改善をしました。

(四) 原胤昭

その大井上が見込んで連れてきたのが原胤昭(はらたねあき)です。

原胤昭は大井上より少し後、嘉永六(一八五三)年、江戸八丁堀の与力の

原　胤昭（はら　たねあき）
嘉永6（1853）―昭和17（1942）年
江戸南町奉行所与力の家に生まれる
釧路集治監　明治21年4月～
樺戸集治監　明治25年12月～
明治28年11月　辞職

原氏は江戸与力の家に生まれ、明治7年衆議を排してクリスト者になり…女学校を…設けて文化の高揚に努め、…明治16年ころ自由民権思想に共鳴し…風刺画を出版し…之が出版条例に触れて入獄…生涯を監獄改良に捧げんものとして決心し…総てを犠牲に供し釧路集治監に赴くことになったのである。

明治28年辞職…明治30年英昭皇太后崩御大恩赦の際、北海道より多数の囚人が釈放され…直ちに出獄人保護所を設け、半年の間に264人を収容した。…爾来、出獄人保護所を継続し、昭和13年これを解散するまで約40年間、…一万人内外の釈放者を保護した。

生江孝之　自伝『わが九十年の生涯』より

家に生まれています。釧路集治監には明治二一（一八八八）年に、その後、大井上さんと相前後して樺戸集治監に来ます。この時、監獄改良の活動をします。明治二八（一八九五）年に大井上が辞職すると、袂を連ねて、連袂辞職と言うらしいですが、辞職します。生江孝之の伝記には、「原氏は江戸与力の家に生まれ、明治七年衆議を排してクリスチャンになり、明治九年には女学校を創立し、文化の高揚に努む」とあります。

江戸与力、つまり江戸時代の警察ですが、この人を主人公にした小説が山田風太郎『明治十手架』などシリーズで出ています。同じく山田風太郎の『地の果ての獄』では主人公が二人いて一人は〝愛の典獄〟と言われた有馬四郎助、もう一人がこの原胤昭ですが、これもまたファンタジーがかなり入っていて面白いです。

明治一六（一八八三）年頃、原胤昭は自由民権思想に共鳴して福島事件に関する風刺画を出版します。当時はニュースを伝えるのに錦絵などが多かったんですね。しかし、風刺画の出版が出版条例に触れて投獄され、石川島監獄（もとの人足寄場）に入れられてしまいます。その時に本当に死にかけたのですが、助けられて生き延びました。その強烈な印象と体験があって監獄改良を自分の生涯の仕事と決意しました。その縁で兵庫に行って仮留監で教誨師になりました。

原胤昭が樺戸時代に主宰／発行していた『獄事叢書』

囚人の多くは北海道に送られ、そこで相当過酷な取り扱いをされるから、監獄改良は兵庫だけの仕事ではないと、当時すでに家族も子どももいましたが一緒に釧路集治監に赴任します。その後、樺戸へ行き、大井上と一緒に連袂辞職します。

その後の活動は、明治三〇（一八九七）年、明治天皇の母親の英照皇太后が崩御した時に多数の囚人が恩赦で釈放されるんですが、東京に戻っていた原胤昭を慕って上京する出獄者がたくさんいたようです。

その状況を見た原胤昭は起ちあがり、その出獄者たちに保護所を設けて、今で言えば保護司を一手に引き受けた。半年間に二六四人も収容したって、とんでもないことですよ。しかも、自宅にも出所者たちを預かっています。昭和一三（一九三八）年まで四〇年間、昭和一七（一九四二）年に亡くなるわけですから、その時まで、一万人内外の釈放者を保護したと言われています。この人は本当にこの道一筋でずっとやってきました。監獄改良の足がかりになって、それをずっと死ぬまで続けてきた人ですね。すごい人だなと思います。

彼が主宰して樺戸時代に発行していたのが『獄事叢書』です。当時の全国の集治監、それから地方自治体、都道府県の監獄にも、これが行き渡っていました。原胤昭たちが実践した経験を、この本を通して全国の監獄に行き渡

留岡幸助（とめおか　こうすけ）
元治元（1864）―昭和9（1934）年
岡山県高梁市生まれ
空知集治監　明治24年（1891）5月～
明治27年（1894）3月　辞職

青年時代クリスト教を信奉。
空知集治監に教誨師として赴いたのは明治24年であったが、到着後間もなく大井上氏は樺戸集治監本監に栄転した。…（留岡氏は）自分の出身校である同志社で共に神学を学んだ教養ある人々を7～8名教誨師として招いた。…多数の囚人に接して調査した結果、重罪犯人は少年時代に不良性を帯びたもの多く…生涯を感化教育に捧げんと決心した。

明治26年渡米し、…幾多の研鑽を重ねた。…帰朝後は明治32年少年感化の為め家庭学校を巣鴨に設け、…北海道遠軽付近に模範感化事業を設置した…
此の時代に於ける社会事業指導者の第一人者であったことは言を俟たない。
生江孝之　自伝『わが九十年の生涯』より

らせたということですね。これが現在、復刊されるということですが、おそらく単なる歴史的な関心だけではなくて、現代に通じるものがあるという認識からだと思うんです。

（五）留岡幸助

この原胤昭さんが北海道では第一号の教誨師ですが、それから続々とクリスチャンの教誨師が続いていきます。留岡幸助（とめおかこうすけ）は遠軽家庭学校を創設した人です。同志社神学部に学んで牧師になり、明治二四（一八九一）年に空知集治監に教誨師としてやってきました。この人が、母校同志社出身のキリスト者たちを七～八名北海道に教誨師として招いていくことになります。

アメリカに留学して少年院、感化監獄で実習を積み、帰国後は東京巣鴨に家庭学校を設け、遠軽に分校を作りました。

注目したいのは、明治三三（一九〇〇）年に内務省嘱託になることです。今の私たちのイメージには、政府は囚人や犯罪者に対して、過酷にあたっていたけれども、教誨師たちはそれに対抗して囚人たちに接していた、という構図がありますが、必ずしもそうでない。当時の政府の考え方や動きも見ていきたい。内務省、官僚、役人と手を携えて活動するというのはよく出てくるんです。

大塚　素（おおつか　ひろし）
明治元（1868）—昭和9（1934）年
愛知県幡豆郡　西尾町生まれ
釧路集治監　明治25年（1892）～
明治27年（1895）10月辞職

氏は明治25年同志社神学部卒業直後釧路教誨師として赴任し、明治28年辞職後間もなく外遊、4年間欧米を巡って帰国し、同志社の教授となり、その後明治41年再度外遊し、満鉄会社の家族慰藉係長となり、在職14年に及んだ。その間3度外遊している。…氏は、教誨師時代に於てもきわめて親切で誠実だったので、囚人の信頼は実に深かった。氏も又、事業に対しては変化に富み、責任感が厚く、弱者保護福祉増進に重きを置いた一事は、教誨師時代の貴重な体験にその源を求められるであろう。

生江孝之　自伝『わが九十年の生涯』より

（六）大塚素

大塚素（おおつかひろし）さんは、生江孝之さんも高く評価している人です。明治元（一八六八）年に愛媛県に生まれて、明治二五（一八九二）年に釧路集治監に来て、明治二七年に辞職しています。この人も同志社神学部を卒業して、釧路集治監で教誨師として活動します。この時、大塚さんは、当時網走刑務所の鬼典獄と恐れられていた有馬四郎助さんに聖書を翻訳して送ってあげて、キリスト教の勉強を支援し、心の友という付き合いをして、キリスト教の道に入るのを助けました。

ただ、いろいろ見ると、割と国家主義的な考えの持ち主だったらしいです。確かに監獄改良にはものすごく一所懸命だったらしいですが、その一所懸命の源には国のためになる、との考えがありました。監獄改良、囚人たちの教誨が国のためになるんだということが彼の信条にあったらしいです。そういうことからでしょうが、何回か外遊していろいろな国の監獄改良や、貧困撲滅、貧困に対する社会政策を見てきています。

そして満州鉄道。日本の植民地だった満州帝国ですが、そこに日本が利権を持った南満州鉄道が出来ます。鉄道だけでなく炭鉱やいろいろな事業をやっていました。その満州鉄道の家族慰籍係長です。これは、要するに満州鉄道の社員の家族の面倒を見る、世話をする役割だったらしいです。当時の

水崎基一（みずさき　もといち）
明治４（１８７１）—昭和12（１９３７）年
旧松本藩士の長男として誕生
樺戸集治監　明治26年（１８９３）８月〜
釧路集治監　明治28年（１８９５）７月〜11月
辞職

氏は明治28年教誨師辞職後、台湾総督府外事係長となり、明治32年に外遊、帰朝後同志社の教授となり、同志社大学創立に余力を注いだその功績は非常に大きかった。浅野総一郎氏の知遇を受け、現教育制度に対する革新的な綜合中学校長となり、成果大に上がった。…（氏は）社会事業に関与し幾多の貢献をなした。…（氏が）往年監獄改良の為め渾身の力を尽くしたことと、晩年文教改新のために全力を傾倒したのは、其の間一脈の相通ずるものあるを見逃し得ぬと思う。

生江孝之　自伝『わが九十年の生涯』より

社会事業は、特に植民地、満州、台湾における役割が大きかったらしいですね。その上、満州は漢民族が八〜九割、満州族が一〜二割、日本人は本当に僅かしかいなかった。でも宗主国ですから日本人が一番偉い。そういう中で家族の世話をするっていうのは結構大事だったらしいですね。

（七）水崎基一

水崎基一（みずさきもといち）さんは長野県の士族、松本家の生まれです。樺戸には明治二六（一八九三）年八月に来て、釧路へ行って、この人も大井上と連袂辞職し、台湾総統府に行きます。外事係長としてイギリスにも留学します。戻って来て同志社の教授となります。同志社は最初専門学校で、大学になる時にOBとしてかなり尽力したそうです。この時、浅野セメントの創設者である浅野総一郎の信用を得て、今で言う職業学校ですか、浅野総合中学校の校長になられます。アメリカに渡って、ゲレー式教育の研究もしています。教育の世界、職業教育の世界の先駆者になった人です。

（八）牧野虎次

牧野虎次（まきのとらじ）さんは、最後に教誨師として来た同志社大学卒業生です。同志社に関しても、満鉄にしても、先輩方がやった後を引き継いでいく役割だった

牧野虎次（まきの　とらじ）
明治4（1871）〜昭和39（1964）年
滋賀県日野町出身
十勝監獄　明治28年（1985）3月〜11月　辞職

明治28年辞職後、…再び牧師に身を投じたが、大正5年また外遊して社会事業を研究調査し、大正8年内務省嘱託となり、社会事業の事務を担当したが、大正10年、…親友大塚素の遺志継承のため、満鉄社会課長として多大の成果を修め、…昭和9年、留岡氏が病で斃れた後を襲って家庭学校理事長兼校長となった。昭和14年、…同志社大学総長となり、昭和20年職を辞した後、京都府下に於ける幾多の社会事業に関与し、関西地方の重鎮であった。……

生江孝之　自伝『わが九十年の生涯』より

ような感じですね。牧師になって明治三〇（一八九七）年にイェール大学に行って、神学社会学を修めます。イェール大学には、東洋文化研究センターという機関があって東洋研究のメッカです。ダニエル・ボツマンさんはイェール大学のそのセンターにいます。ここの東洋研究は、太平洋戦争時に日本、つまり敵国の国民性や社会事情を研究していました。それからずっとアメリカにおける東洋研究、日本研究の中心になります。

もっと遡ると、この背後に同志社大学創設者の新島襄がいます。新島襄もイェール大学に行っています。アメリカンバンドというグループです。アメリカの宣教師のグループで、世界にアメリカ発でキリスト教、プロテスタンティズムを普及させようというのです。マサチューセッツ州ですが、マサチューセッツと言えばクラークも同じですね。マサチューセッツのいわゆるプロテスタンティズムと言われているものが、たとえば北大にクラークを通じて入っても来ているし、宣教師たち、原胤昭にも影響を与えたベリーという人もそのグループにいました。イェール大学と日本のつながりは結構深いと思います。

牧野は、イメージ的には温厚そうな感じで、一番の後輩になりますから、いわゆる、北海道（樺戸）バンドといわれる同志社の一連のクリスチャンたちの中で、先輩たちの後始末をやってきたような感じになりますね。満州に行って、亡くなった大塚素の後の仕事を受け継いで、満鉄社会課長として功績を上げたと言われています。

彼は最終的に同志社の総長になりますが、京都ではかなり有名人らしいです。京都では知らない人がいないくらい、京都の社会事業で、かなり足跡を残した人です。

有馬四郎助が抜けていますが、以上が、集治監に関わったクリスチャンたちです。

次に考えたいのは、なぜこの時代にクリスチャンの典獄や教誨師がこれほど行刑の分野に採用されたのかということです。

二．考察① なぜクリスチャンの典獄・教誨師が登用されたのか？

まず時代背景から考えていきましょう。最初に見てもらった年表を思い出してください（20ページ）。

明治一〇（一八七七）年に西南戦争があり、翌年に大久保利通が暗殺されて明治中期に入ります。明治一三（一八八〇）年に刑法、治罪法が制定。相まって集会条例、自由民権運動が始まります。明治一四（一八八一）年に樺

清浦奎吾（きようら　けいご）
嘉永3（1850）―昭和17（1942）年
肥後（熊本県）出身
明治9年（1876）司法省入省。治罪法（今日の刑事訴訟法）の制定に関与。明治17年から山縣内務卿のもと警保局長。
貴族院議員、司法大臣、農商務大臣、内務大臣、枢密顧問官、枢密院副議長、枢密院議長、内閣総理大臣などを歴任した。

戸集治監が開設されて、同時に国会開設の勅喩、天皇陛下が国会開設すると詔勅を出し、それにあわせて板垣退助らが自由党を結成したり自由民権運動が盛り上がったりしていく。そして、福島事件、群馬事件、加波山事件、名古屋事件等が起きて、自由民権運動が一方でテロリズムに走っていく。これに対し明治政府が弾圧しようとしていきます。

そして明治一八（一八八五）年には、そういう背景もあって、金子堅太郎が囚人たちは悪逆徒党の徒なのでこれを斃死するも監獄の経費が浮くから良いんじゃないかと、道路開削にあてるよう復命書を出すわけです。そういう流れの中で明治二二（一八八九）年に大日本帝国憲法が制定、明治二三（一八九〇）年に第一回の帝国議会が開かれました。

この時に登場するのが清浦奎吾（きようらけいご）です。二回も総理大臣をやって大きな役割を果たしています。

「不平等条約の改正には、外交的措置よりも欧米に共通する監獄制度の改良が急務である。」

実はこの前に不平等条約の改正のために政府の要人がいろいろ活動しているのですが、一向に実を結ばなかった。たとえば大隈重信が片足を失ったのは、不平等条約に絡んで来島恒喜という国家主義組織玄洋社の人間に爆弾による襲撃を受けたからです。井上馨もそれで失脚するわけです。そういう状況の中で、清浦は外交的措置よりも、欧米に共通する監獄制度の改良が急務であると言いました。

明治九（一八七六）年に司法省に入り、今日の刑事訴訟法である治罪法の制定に関与します。その前に何回か欧米に視察に行き、治罪法等の制定の実務に携わる。その後、明治一七（一八八四）年から山県内務卿のもとで警保局長になります。警保局長は絶大な権力を持った役職で、警察と裁判所と監獄、これらを全部束ねるのが警保局です。政党には属さないで、いわゆる超然内閣として二回、内閣総理大臣をやりました。

この清浦奎吾の研究をしている慶応大学の小野修三さんという方が、清浦奎吾がどういう役割を果たしたか、いろいろ調べていて、その中に非常に参考になるものがありました。明治二四年、明治政府の最重要課題たる不平等条約の改正のため、統治機構整備作業という趣旨で「貴族院議員　元警保局長清浦奎吾」として欧州出張。今ではちょっと考えられないです。国の出張命令が貴族院議員に下ったということなんて。まだ当時の日本は非常に不安定な時期だったので、警保局長という一番要になる人を留守にする訳にいかないということで、警保局長の任を一回外して、貴族院議員ということで出張に行かせた、かなり苦しい理屈ですが。彼としては、「私は洋行中、主として警察制度、監獄制度および自治体に関して、ヨーロッパ諸国を視察することが目的であった」。彼はその前にも何回も行っているのですが、でも敢えてまたこの時期に行ったということは、やっぱりその後の行動を見たら分かります。

原胤昭のことをずっと調べている片岡優子さんという関西学院大学の方によると、この頃は、その後の諸事業の基礎を準備した時期であったらしいです。原の功績を四つほど指摘しています。

①教誨方法や個人別カードを創案したこと。

②内務省職員として監獄改良事業を清浦警保局長らの命を受けて遂行し、北海道アトサヌプリ、硫黄山での囚人労働の廃止に向けて行動を開始したこと。

ここで清浦奎吾が出てきます。原胤昭は清浦警保局長の下でこういう活動をしていたということですね。

③アメリカンバンドの宣教師ベリーらの支援を受けて、囚人の矯正に関わりつつ、獄事を研究していたこと。

④ 自宅で出獄人保護事業を行い、被保護人の更生を支援したこと。

片岡さんの見立てでは、この時期の原は、山県有朋内相、清浦奎吾警保局長の内命を受けて、各地方の監獄を視察し、猛烈な報告をしていたらしいです。

残酷なのは北海道ばかりではありません。私は仮留監にいますとき四国から山陰山陽地方の監獄を巡回したことがありますが、何れも囚人を犬猫のように取り扱っていましたが、私はとても正視できぬやうな残虐な光景を徳島と岩国で二度見ました。

（片岡優子「原胤昭の生涯とその事業
—兵庫仮留監教誨師時代を中心として—」）

原は全国各地の監獄の現状に関する報告書と改良へ向けての意見書を提出し、監獄改良に向けた国家的な取り組みに参加していた。要するに国家的な取り組みだったということです。当時の内務省警保局長は清浦奎吾であり、この清浦こそが兵庫仮留監時代に原が監獄改良を推進していく上でのキーマンになったという訳です。

山県有朋（やまがた　ありとも）
天保9（1838）～大正11（1922）年
長州藩士
内務大臣（初・第2・第3代）、内閣総理大臣（第3・9代）、元老、司法大臣（第7代）、枢密院議長（第5・9・11代）、陸軍第一軍司令官、貴族院議員、陸軍参謀総長（第5代）などを歴任した。

清浦は明治九年司法省入省後、フランスの法学者、ボアソナードの指導の下で、治罪法や刑法の制定に携わり、明治一四年内務省警保局長となってからは監獄改良を推進し、監獄の経費に関する国庫負担を提唱。当時、国立監獄である集治監だけは国が経費を負担しましたが、その他のたくさんの監獄は地方が負担していました。地方に負担させると囚人たちに対する対応がばらばらになるということで、国庫負担を提唱しました。そして監獄の構造様式を改め、監獄官吏養成所を設立して、ドイツ人学者ゼーバッハに学んだ上で囚人のために教誨師を置き、大日本監獄協会の設立にあたり、各界に呼びかけをして明治二二（一八八九）年七月に監獄則を改正した、という流れになります。

このように監獄制度の改良に清浦奎吾は非常に大きな役割を果たしたのですが、後ろ盾は意外にも山県有朋でした。山県有朋は監獄の囚人の人権なんて全く無視して、要するに囚人たちは懲らしめるんだというような一方的な考え方の持ち主だったと思うんですけど、実は監獄改良に力を注いだ清浦奎吾の後ろ盾でもあったという話です。当時の明治政府が、いくつものミッションを抱えながら近代国家としてやっていかなきゃならない状況が、背景にあるんじゃないかと私は思うんです。

ともかくも山縣公自身は司法畑は全然素人の方であり、次官にはこの方面に明るい人物を置かなければならない。言い換えれば好い女房役を得なければならないというので、このことを前の司法大臣山田顕義氏に相談された。ところが山田氏はそのとき私を司法次官に推薦された模様で、山縣公も私は以前から好く知って居るから至極結構だという訳で、議一決し、私はその交渉を受けて快諾した。

（徳富蘇峰監修『伯爵清浦奎吾伝』より）

そして、七年間に渡って山県内相の下に清浦奎吾が司法次官、それからその後は司法長官として手腕を発揮します。

三．考察②　大井上典獄　不敬事件の真相とは？

大井上典獄は最終的には不敬事件で辞職に追い込まれましたが、これについても謎が結構あります。明治二七（一八九四）年、大井上は依願退職し、クリスチャン教誨師は全員連袂、袂を連ねて一緒に辞職しました。その原因として、重松さんの『北海道行刑史』にはいくつかあげられています。

第一に政治的圧力による亀裂。例の金子堅太郎の「北海道三県復命書」の

樺戸集治監教誨堂（火災で焼失）

囚人使役による開拓という筋書きにしたがって、印南於莵吉という役人が大井上に会いにやってきて、幌内炭鉱の採掘に、大量の囚人出役を要請、かつて硫黄山の惨状を見て来たクリスチャン典獄大井上はこれをかたくなに渋ったということ。この印南という人物は政治的圧力をかけることに辣腕をふるう、やり手だったようです。

第二に、免囚保護会の用地払い下げ問題。クリスチャン教誨師らが免囚保護会を設立して、用地の借地願いを出して共同農場を作り、そこに出獄した囚人たちが自立するための農場を造るという構想があったらしいのです。新渡戸稲造あたりもこれに参加していたらしいですが、地元かどこかから横槍が入って挫折してしまい、しこりを残す結果になったと言われています。

第三にもともとキリスト教への異端視の風潮。仏教会、特に東本願寺とか本願寺系が反発して、陰に陽にキリスト教の教誨師とか、そういう勢力に対し攻撃していたという説もあります。

第四に教誨堂建設の会計についての瑕疵。教誨堂はおそらく監獄の中にあったと思いますが、火事で焼けてしまった。これは表向きは寺みたいですが、中に入ると椅子があります。教会に似ていますよね。予算上は農業で使う農機具を置く物置小屋を移転したという名目で作られましたが、そんな少ない予算でできるわけがない。こんな立派な建物ですから。でも当時は、月

教誨堂内部

形は森林が多いですから木材も山から囚人を使って切り出せばいくらでも出てくる。それを加工するにしても、宮大工や彫刻師、絵師や建具師、マンパワーは揃っています。無駄遣いするわけではなく、予算上のお金を全然かけないで、こういう立派なものを作ったのですが、これも政府に対して忠実な報告を怠ったとして国会で取り上げられました。

月形潔も同じような目にあっていて、看守の住宅が足りなくなって、予算をやりくりして建設していたんですけど、それがけしからんということで槍玉にあげられてクビを切られた。非常に理不尽ですが、当時の明治政府にはそういうことが結構起きる。今でも政治の世界、こういうのはあるかもしれませんね。良かれと思ってやったことで足元すくわれて、政治的な材料に使われてしまう。

最後にとどめを刺すのが大井上典獄の不敬事件といわれるものです。天皇の御真影を物置に放り込んでおいたという噂が立って、これが国会に取り上げられて非常に大きな騒ぎになったと言われています。

ともあれ、そういうことで辞職したのですが、当時の動きには実はもう一つ大きなものがあります。明治二七（一八九四）年の日清戦争です。戦争に前後して、日本とイギリスとの条約が改正されます。不平等条約が解消になるわけですね。関税自主権はまだその時には完全に回復してないのですが、

武市安哉（たけち　あんさい）
弘化4（1847）～明治27（1894）年
土佐（高知県）出身

坂本直寛（さかもと　なおひろ）
嘉永6（1853）～明治44（1911）年
土佐（高知県）出身
明治時代の自由民権家、牧師

治外法権、領事裁判権は解消されます。要するに日本の中で外国人が起こした犯罪も日本の法律で取り締まって、日本の監獄に外国人を収監できるということになりました。それが初めてイギリスとの間で結ばれた。

奇しくもそれと前後して、クリスチャン典獄たち、教誨師が一掃されるという政治的な動きが出てくる。非常に穿った見方かもしれませんが、もう用が無くなったと、不平等条約解消のため、治外法権を撤廃するために、日本でもクリスチャンを典獄にして、キリスト教の西洋社会と同じような監獄運営をしていますよということをアピールしたけれども、それが必要なくなった、そういうことも言えるんじゃないかということです。ちょっと乱暴な見方ですけれども…

四．考察③　信仰がつなぐ開拓のきずな――樺戸集治監と浦臼聖園農場

もう一つ、エピソードとして、樺戸集治監と浦臼聖園農場の関係と武市安哉（たけちあんさい）を紹介します。武市安哉は、衆議院議員をやっていましたが、土佐の出身、武市半平太の親戚にあたります。坂本龍馬とも親戚です。

この人は浦臼に来て、聖園農場という農場を開きます。ウィキペディア情報ですが、明治二五（一八九二）年に自由党から出馬して当選します。

武市によって浦臼内に設立された聖園教会（現日本キリスト教会　聖園教会）

その年武市は自由党代議士として、明治一四（一八八一）年の官有物払い下げ事件の財務調査に来道します。その時、北海道に興味を持ち、石狩平野を視察するということで、親戚で盟友の坂本直寛（さかもとなおひろ）を頼ります。坂本龍馬の甥ですね。坂本龍馬の本家筋の跡取り息子ですが、叔父の龍馬が明治維新前から北海道に着目して、貿易の拠点にするはずだったという話を聞いており、武市はその坂本と意見を重ね、広大な石狩平野を見た時に、「今こそ、この地に、新しい故郷を作ろう、カナンの地を作ろう」と決意したということらしいです。

明治二六（一八九三）年、衆議院議員を辞職して北海道に渡り樺戸集治監の用地の払い下げを受けて浦臼に入植します。この聖園農場は今もあります。浦臼に「しいたけ飯店」という中華料理店がありますが、そこが聖園農場の発足した場所です。プロテスタントの教会も、今も浦臼にあります。

ここに『聖園教会史』という本がありますが、その中の文章を引用します。

安哉はその後、北垣（当時の北海道開拓使の長官ですが）の意見に従って、北岸地帯をみるつもりで、岩見沢の次の小駅、峰延で下車して石狩川を渡り、樺戸郡月形村にある樺戸集治監を訪ねていった。ここには急

龍馬の手紙
（慶応三年三月六日　長府藩士・印藤聿宛て）

京都大学附属図書館所蔵　平尾道雄監修『坂本龍馬全集』光風社書店より

進的なキリスト教主義の典獄として有名な大井上輝前、かねてから名前を知っている教誨師・原胤昭がいた。原は安哉の経歴や計画を聞いて非常に感激して、すぐ大井上典獄に紹介し、農事指導員の小野田卓也をも加えて親切に相談に乗ってくれた。その結果、月形から六キロばかり上流の、浦臼内というところにある集治監用地を開放してもらってはどうかということになり、小野田の案内で翌日浦臼内の検分に出かけることになった。

集治監用地は浦臼内の主要地の大部分を占めていて、原や小野田が斡旋して札幌農学校の新渡戸教授を会長とする北海道出獄人保護会の農場予定地にとってあったものだが、その後、都合で当分実現性がないということであった。浦臼内はアイヌ語のウラウシナイで、「網干場」という意味で、昔はアイヌが住んで、石狩川や小川で魚を取っていた。……

小野田の説明によると、浦臼は地形、地味ともに申し分がなく、強いて欠点を探せば鉄道まで出るためには石狩川を渡らねばならぬという不便があるだけであった。

（『聖園教会史』より）

この辺が札沼線開設運動の一つの原動力になったのかもしれません。しか

浦臼の坂本龍馬家の墓

浦臼の武市安哉の墓

し武市安哉さんは、東京と故郷高知と北海道を行ったり来たりしている間に亡くなってしまいます。その後を引き継いだのが、坂本直寛です。実際、坂本龍馬の家の墓もここ浦臼にあります。幕末の坂本龍馬の手紙です。「小弟ハエゾに渡らんとせし頃より、新国を開き候ハ積年の思ひ一世の思ひ出に候間、何卒一人でなりともやり付中べくと存居申候。」と蝦夷地のことを書いています。このように、樺戸集治監のクリスチャンの存在が現代にも繋がっているのです。

最後に、当時の監獄事情を物語る資料を紹介します。

山田顕義司法卿の全国地方長官会議における演説です。明治一八年のもので、そのころの状況が分ってなかなか面白いです。

> （犯罪者が非常に多くて、たとえば）窃盗は概して微罪なる者多く他人の芋を盗りしとか菓物を奪いしとか位の者あり。詐欺取財と称する事件中には犯罪の性質なくして寧ろ民事の訟廷に訴え民事として審理すべきもの凡そ五分の一位ならんか、山林盗伐中には枯木の枝を拾いし者川魚一尾ノ捕えし者の類少しとせず…。
>
> （重松一義『北海道行政史』より）

要するに囚人が増えているのは、枯れ木を拾ったとか、川魚を捕ったとか書類が整備されてなくて、役所の仕事の順序がいい加減で、そういうことで軽微の犯罪が増えているということです。

たとえば、こういうこともあったと思います。土地を登記するにしても先に届け出た人のものが後回しになって、後から届け出た人の登記が先に通り、自分の土地が人の土地になってしまうとか、それで犯罪が増えていったと言います。前年の四分の一ないし三分の一くらい増えている。この調子で行くと全国民の半数は皆一度は監獄に入ることになっちゃう、どうするの、っていう感じです。

罪囚が多ければ費用もかかります。前年の府県の監獄費は内務省直轄の各集治監定額ならびに府県監獄助費を除き、地方税にかかわるもののみを算すると、府県監獄費だけで二七〇万の大きに達します。同年の常備兵に要する二五〇万に比べれば、一五万円の差ありと。兵隊さんに払う給料よりも、囚人たちに払う経費の方が多いので、こんなことすると国が潰れちゃうよ、ということです。

ですから、監獄改良あるいは行刑の改良にどれだけのエネルギーを費やすのか、国家的な課題にしたのかということは、こういうこともあるんですよね。このまま放っていたら犯罪者ばっかり増えて、国が潰れちゃう、なんとかこれを改良しなきゃならないというのは、ただ単に人道的な思いだけではなくて、国家的な課題だった。

この樺戸集治監で教誨師を何年かやった人たちが全国で社会事業家として活躍する背景には、こういうことがあるわけです。監獄だけの問題ではないのです。社会の問題なのですよね。社会の矛盾が一番集中して現れてくる監獄に目を向けて、それを体で感じた人たちが、その後、社会に出ていって、社会改良事業に力を発揮していくということになります。

私たちが、国家権力とその被害者である囚人なり、自由民権運動なり、そういう正と悪というようなステレオタイプの捉え方では捉えきれない、当時の国家的な状況と、それをなんとかしなきゃならないという人たちの活動が、あるところでは結びついて、手を携えて活動するというふうになってきました。

そうは言っても、たとえば、山県有朋が清浦奎吾の後ろ盾になっていたけれども、不平等条約、治外法権の解消という国家的課題、あるいは監獄改良が一定の成果を得たら、掌を返したように次の課題に移っていくのが政治の世界です。当時、非西洋、非キリスト教世界では、不平等条約は絶対解消できないだろうと言われていたのを、日本がアジアで初めて解消して、名実共に国際社会の独立国家になっていく。そこには、犠牲になった人もいたし、いろいろ理不尽なことがあったというのは十分感じるのですが、一方で、明治政府の人たちのある意味でクリエイティブな、非常に柔軟な発想には、感心せざるをえないところもあります。

誰もが経験してない状況ですから、モデルになるものもないのですよね。その中で、ヨーロッパ的な価値観に似せて自分の国を作っていった。頭が下がりますね。これで良いっていうわけではないのですが、そういう歴史で日本の国家というものが出来てきている。ただ残念ながら、昭和に至って、不幸な方向に歩んでいって、植民地支配も欧米と肩を並べていく、その辺が矛盾を感じるところです。——

第5講

2018. 2. 19

獄窓の自由民権者たち

近代国家への捨石か架け橋か？

一・自由民権運動とは何だったか

明治維新は革命でしたが、生みの苦しみが後遺症のような形で出てきているのが士族の反乱です。明治一三（一八八〇）年に集会条例、そしてこの辺りから士族の反乱とは別に、いわゆる自由民権運動のはしりのようなものが出てきます。ヨーロッパ的な、民主主義的な考え方に影響を受けた人たちがルソーなど読んで広めていきます。明治一五（一八八二）年頃から、福島事件、群馬事件、加波山事件、名古屋事件、秩父事件が起こっていきます。

自由民権運動というのは、もう過去のものだと、教科書に出ている歴史的な既成事実だと、私も思っていましたが、でも決してそうではないようです。特に、福島、栃木など自由民権運動が起こった地域では、今も研究者たちが地方史の一環としてすごく研究していて、膨大な資料が未だに発掘され続けています。豪農民権など、元豪農の蔵の中から新しい資料が発見されています。自由民権運動とはいったい何だったのかというのは、学者の中にも議論があって未だに定説がないのが実態らしいです。

■供野外吉『獄窓の自由民権者たち』

我々、月形の郷土史を研究している側からもスポットを当ててみたいと思

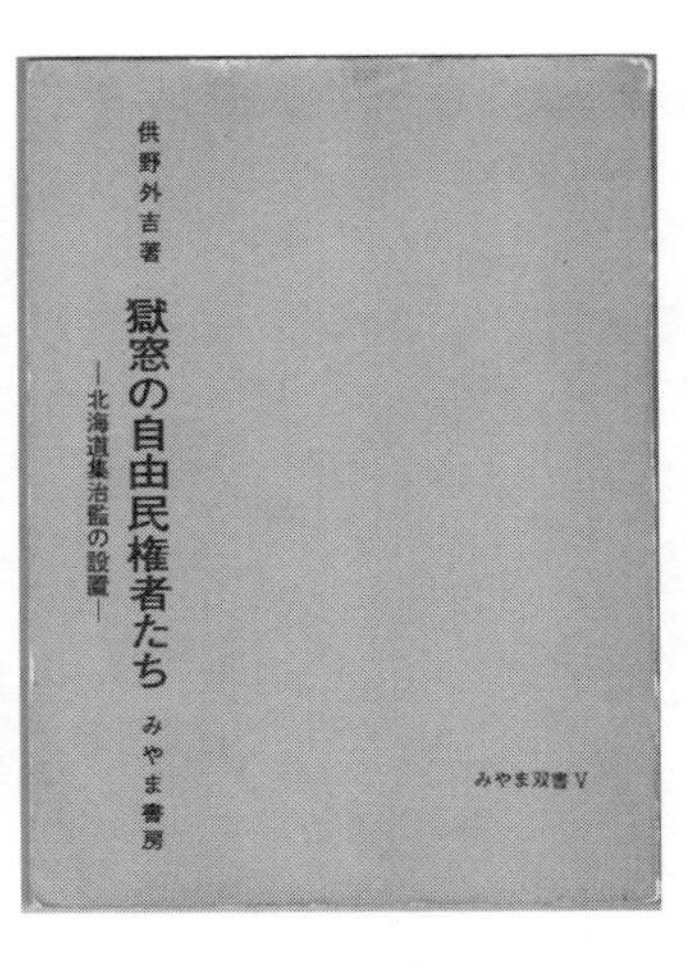

供野外吉著『獄窓の自由民権者たち』

供野外吉（ともの　そときち）
明治35（1902）年生れ

い、今回、参考にしたのが、三笠の供野外吉氏が書いた『獄窓の自由民権者たち』という本です。戦前に書いたものを昭和四七（一九七二）年に本にしたものです。著者の供野さんは、明治三五（一九〇二）年生まれ。青年期を農耕生活で過ごし、その後三笠町村吏員となり、昭和四三（一九六八）年に退職します。北海道地方史研究会、北海道史研究協議会等に所属し、地方史研究に大きな役割を果たした人です。

月形町の郷土史家　熊谷正吉さんは、この人からいろいろ教わったらしいです。空知地方史研究協議会という会がありますが、その会長が供野さんで、何回目からか熊谷さんが参加するようになっていきます。

その「まえがき」には次のようにあります。

> 北海道開拓史上、屯田兵と集治監の遺した功績は尠少でない。その労苦を銘記する立場から、国事に罪を得て狗盗の類とともに駆使された人たちを録して、この地方の人々に残したいと、資料の収集を心がけた。が、空知集治監の所在したこの地方には、私の求める資料はすでになく、徒労の旅をつづけざるを得なかった。ここに集録したものは、その果てしない徒労の路上に拾い得た獄窓生活の一断面に過ぎない。
>
> もともと、日本近代史における自由民権運動と、各事件を編述の主

目的としたものでなく、一地方史研究の過程において集録したもので、当然取扱はなければならない各事件の梗概や、往年の地方産業、民衆の経済事情等重要な背景に触れていない。

爆撃があったのか何があったのか分からないですが、空知集治監の資料はほとんど残っていません。このあたりは所謂、内地のいろいろな地方での自由民権運動の研究のテーマですね。でもこれについては触れていません。

さらに、北海道在獄生活ではまだまだ触れなければならない部分もあろうし、各人が帰郷後の生活にもなお追跡されてよいものもあろうが、この僻境にあってそれらの探索は、今の私には限界に達している。あくまでこの地方の、地方史研究の域を出ないが、自由民権運動研究の北辺のメッカとして、この地方の人々に認識されることを望んでいる。

（供野外吉『獄窓の自由民権者たち』「まえがき」より）

ここには非常にそそられるものがあります。残念ながら北海道では、このことは話題になったり功績になったりということはないですね。「あとがき」もなかなか興味深いです。

自由黨志士原利八君碑（三笠市）

河野広體（こうの　ひろみ）
文久4（1864）―昭和16（1941）年
陸奥（むつ）三春（福島県）出身
明治時代の自由民権運動家

空知集治監の旧蹟を温ね、囚人「合葬之墓」畔の、「自由党志士原利八君碑」前に立って、加波山・群馬・名古屋・静岡諸事件の同志四十余名が、北海道集治監で艱苦をともにしたという碑文を一瞥すれば、往年の激化諸事件に思いを走せ、その在獄した「四十余名」にひそかなる親敬と同情を興趣するとともに、その人々を知り得る資料を求めたくなるであろう。

供野さんは、このように自分の動機を語っています。

二、「国をおもう心」

この碑の設立の中心になったのが河野広體（こうのひろみ）という人で、加波山事件の首謀者と言われています。この碑の発起人の中に意外な人が入っています。頭山満（とうやまみつる）です。福岡県の右翼のさきがけと言われていますが、決してそうでなく、自由民権運動のさきがけでした。月形潔とも親交があったと言われていて面白そうです。

青年有志によって営まれた原利八　五十年忌

筆者（供野外吉）は、その「在東京有志建之」という建碑者河野廣體を探しはじめた。たまたま『「生きてゐる歴史」峅られた自由民権運動、加波山事件の真相、生き残った首謀者河野翁の話』掲載の、古い「サンデー毎日」を読んでその生存を知り、昭和十四年春陽動く頃、芝田村町の療養先を訪れた。

原利八は空知集治監で亡くなりました。石碑を建ててもらったということは皆からの人望もあったのでしょう。

原の遺族は既に絶えたと信ずる河野の、その祀られざる同志の獄死を後昆に傳えようとする永年の悲願に動かされた筆者は、既に記したように原の五十年忌法要を死所に営むとともに、加波山資料に取組み、「加波山事件の人々」の刊行を準備し、さらに原の辞世となったと思はれる「国をおもふ心のたけにくらぶればあさしとそおもふ石狩の雪」の歌碑建立を計画し、賛同者から資金の提供をうけたが、迫りくる戦時統制に妨げられて、これらを断念せざるを得なかった。

石狩の雪は浅くないです。それにもかかわらず、それよりも「俺の国を思

玉水嘉一（たまみず　かいち）
安政6（1859）―昭和24（1949）年
常陸国（茨城県）下舘藩士の家に生まれる
明治期の自由民権運動家

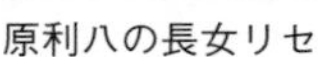

原利八の長女リセ

う心は深いぞ」と詠んだ。ここに自由民権運動の秘密が隠されています。自由民権運動というのは、獄に入れられるような国に対する反逆だというふうに扱われたんですね。今でいう過激派です。爆弾闘争もしたわけですから。なぜ、国を思うということを言ったのか。これは本音です。これにどういう意味があるかを考えたいと思います。

この間、再三河野を訪れ、生き残りの同志玉水・宮田をたずね、足を伸ばして加波山の史蹟を逍遥し、さらに原の知里に長女セリ女と巡り合うことができた。

原の遺族は絶えたと思われていたのですが、河野広體さんの努力によって遺族が見つかって、供野さんは会うことが出来たということです。

三翁（河野・玉水・宮田）には、同志個々の加波山での行動、福島・栃木・茨城民権者の結びつき、各事件関係者との連絡、そして獄中生活などを主とする懐旧に親しんだのであるが、三翁ともに、戦死の平尾、刑死の同志や、獄死した同志の志操を後に傳えることに努めて来ただけに、いわゆる祀られざる原を弔慰する青年の行動をよろこび、眸に感涙をまばたきつつ一介の筆者を迎えるその血盟の友愛に、一汐の感激を深めたのであった。

談中、筆者は加波山檄文に、自由の公敵たる専制政治を顛覆し完全なる立憲政体を樹立せんとあるが、往年の民権者中に謳歌されていたようなフランス革命を模して、日本の君主政体を革命する意志であったか、藩閥政府を倒したあとに樹立する政府の構想は、どのように画いていたのか、を問うた。

フランス革命はどういう革命だったかと言えば、王様、ルイ一六世は首をはねられました。だから、供野さんが聞いたのは、日本の君主政体を革命する意思だったのかということで、日本の君主政体を革命するということは天皇の首をはねるということですから、すごく核心的な質問ですよね。

三翁の語るところを要約すると、「日本は特別の国柄であり、天皇自ら五事の誓詔を内外に宣明した国であるから、天皇制を変革しようとは考えなかった。政府は国会を開くと声明したが、それは一時を糊塗して国会を開かずに、依然として薩長が政権を私し、人民の苦悩は救はれない、立憲政体を施くにはどうしても革命の兵を挙げるよりほか

三島通庸（みしま　みちつね）
天保6（1835）—明治21（1888）年
薩摩藩士　内務官僚
福島事件当時の福島県令

にない。」そのために河野・宮田は、直接には三島通庸とこれに直結する政府顕官の暗殺を並行し、玉水は富松の画する挙兵の機を待ったという。そして「我々が命を捨ててやれば、それが動機となって、各地の民権家は続々と事を起し、圧制政府は顚覆する。我々が命を捨てたあとは、完全な自由立憲政体によって新しい政府ができると信じていたが、その主班構成など若年輩の考えるところではなかった」というのであった。

次にどういう政府を作るかということを考えるような立場ではないと言っています。当時の自由民権運動、端的に言えば、政府を倒した後のビジョンは持っていなかったんですね。では自由民権運動は何だったのでしょうか。そこは問われますね。

三翁の記憶と河野のメモによって纏め得た北海道在獄者は、加波山・群馬・名古屋・静岡各事件の三十余名となった。その後、激化諸事件の資料収集につとめたが、僻陬の地にあっては、このための時間と資力に自ら限界を味いつつ時は流れた。

かくするうちに、群馬・名古屋・静岡の在獄同志に追加を発見し、

北海道在獄者の入出獄期

	発生年月	判決年月	北海道送獄者			
			送獄数	北海道入獄年月	北海道出獄年月	在獄中死亡数
秋田事件	14.6	17.3	3	17.3	22.3 31.5	1
群馬事件	17.4 17.5	22.6 20.7	3 2	22.9 22.6 ?	28.7 22.2	
加波山事件	17.9	19.7	9	19.11 22.9	26.3 27.11	1
秩父事件	17.11	18.2	3	18.10	22.3 30.2 38.2	
名古屋事件	16〜18	20.2	12	22.7 22.9	30.2 30.7	2
静岡事件	17〜19	20.7	13	21.10	30.2 30.7	1
尻無川事件	20.1	21.7	2	22.3	33.3	

さらに秋田・秩父・尻無川の連坐者を新たに調べ得て、北海道に送獄された者四十七名を確認し、空知の病監で名古屋の青沼・佐藤両名の獄死したことを知ることができたが、太平洋戦争の戦禍は、これらの人の除籍簿類を焼滅せしめ、遺族たちの消息をたずねる手がかりを失なはしめた。就中、行刑資料館に集蔵された北海道集治監の古い諸簿冊の被爆は、北海道開拓に及ぼした集治監の貴重な資料とともに、これら民権者の獄裡の消息をも灰燼に化したのであった。

自由民権運動余瀝としての、北海道における獄裡の消息は、断片的な資料綴りに終わったことを顧みて慙愧に堪えない。将来、各事件の人たちの（…）獄中生活を語るものが発見されることもあれば、ここに取扱った獄内生活の資料はさらに充実してくるであろう。（…）筆者はそのことのあるを念願して止まないのである。この稿を結ぶに当り、重複の嫌いあるが、各事件の北海道在獄者の入出獄期を一表に示しておきたい。（…）

（同書「あとがき」より）

これがその表です。それぞれの事件の発生年月、判決年月、送獄者数。調べるのは大変だったと思います。実はこの他にもいましたので、北海道に来

自由民権運動で　北海道に収監された47名

秋田事件（明治14）
柏木第六、舘友蔵、川越庫吉（釧路）
群馬事件（明治17）
岩井丑五郎、小林安兵衛、湯浅理兵（空知）
宮部襄、深井卓爾（樺戸）
秩父事件（明治17）
堀口栄次郎、菊地貫平、宮川寅五郎（樺戸）
加波山事件（明治17）
小林篤太郎、玉水嘉一、原利八、天野市太郎、
河野廣體、鯉沼九八郎、門奈茂次郎（空知）
草野佐久馬、五十川元吉（樺戸）
名古屋事件（明治19）
鈴木桂太郎、中條勘助、皆川源左衛門、
種村鎌吉、佐藤金次郎、青沼傳次郎、
久野幸太郎、山内徳三郎、寺西住之助、
安藤浅吉（空知）
奥宮健之（樺戸）塚原久輪吉（釧路）
静岡事件（明治17）
湊省太郎、宮本鏡太郎、中野次郎三郎、
鈴木音高、藪重雄、木原成烈、小山徳五郎、
足立邦太郎、名倉良八、小池勇、
川村弥市（空知）
清水高忠（樺戸）
鈴木辰三（釧路）
尻無川事件（明治20）
間直三、下村治幾（空知）

た人はもっと多かったようです。また、北海道出獄年月と書いてありますが、だいたい早くて明治二二（一八八九）年、最後は明治三八（一九〇五）年で、この一〇年くらいの間に固まって北海道に来ているということですね。

■自由民権運動で北海道に収監された四七名

自由民権運動の闘志は、分かっているだけで四七名、北海道の集治監に来ています。自由民権運動の人たちは半分以上が空知集治監に収監され炭鉱労働にあてられたということです。このあたりも、もしかしたら意味があるのかもしれません。樺戸にはそれほど多くは来なかったのですが、特に加波山事件の有力者が入ってきました。

三．獄中生活

■獄中行状

『獄窓の自由民権者たち』から、獄中の記録を私なりに抜粋しました。四人の行状録です。監獄の中でどういう行動をしていたかということを書いたものです。

獄中行状（『獄窓の自由民権者たち』より）

五十川元吉

改悔　入獄当初は官吏に対し充分従順たりとは言ふ能はざれども　明治二十四年頃より基督教を研究し爾来奉教の念深く罷役後聖書及宗教道徳の書を誦読し敬虔謹慎の情深く、本囚の自白する所によれば入獄当初は万事不平不満なりしと雖も今や一点も斯る念慮なしと　心情斯の如し故に其行状も充分謹慎なるを認む

親族の関係　父巳に亡母ウラ弟房次郎速水　妹テイ生存す　常に母及弟と音信を通し情愛濃かなるものあり　本囚よりは常に聖教を奉するの幸福と改心の情を書し送れり

役業の勤怠　本監に入りてよりは常に裁縫工に服役し　能く勉励するを以て衣食費を償ふに足るの工銭を得現時領置金十九円余あり

本囚の性情　本囚は性淡泊にして敢為の気象に富む　小学校を卒業し後熊田某に就き漢籍を修る数年なるを以て普通の教育あり交友多く政治界にありしを以て自然其性情も政治的に傾きしものの如し　犯時年少なるを以て未だ智慮慎密ならず独立独歩修身斉家に意を注ぐなく多少雷同壮士風を脱せざりしものと認む

河野廣體

品行　獄則を遵守し官吏の命令に従順し毫も弛怠の状なく同囚には温和且親切にして、又常に尊属親を報養せんとの志厚く入監以来始終一日の如し

賞　明治二十三年六月二十二日改悛の状顕著に付賞表一個付与

同二十五年十二月二十五日同上に付賞表一個付与

「賞表」とありますが、バッジみたいなのが与えられるんです。これが実は大きな意味を持っているんですよね。ただ単に印としてあるのでなくて、あとで分かると思います。

役業　明治十九年十一月より十二月まで雑外役日常科程畢（おわ）る　同二十一年一月より十二月まで内役日常科程畢る病気七日（中略）平素能く役業に精励し常に衣食費を償ふに足るの工銭を得る。

自分たちの着るものや、食べるものも自分たちの労働で賄っていた。まさしく自給自足です。このように一人一人の記録がありました。

■食生活

空知の獄では、農耕により豊富な収穫物は自給されたから、副食の給与量も多く、味噌醤油の味質等もよく、一日一囚当九厘九毛九の常菜費で、その内容は他府県の監獄の比でなかったと云われていた。

これは現在も言われています。月形の刑務所は本州の刑務所よりも飯が良いということで希望者が多いらしいです。月形の刑務所では、雪の聖母園の「まんまる納豆」が週に一回出ます。

次に静岡事件で空知集治監に収監された小池勇さんの自叙伝から引用されています。

「囚徒ヲ役シテ稼稜シタル農産物は之ヲ日常ニ給スル故、石川島小菅（監獄）等ニ比スレバ副食物ハ余程多ク、味噌醤油モ監獄ニテ製造スルニヨリ何トナク豊カナリ、食餌ハ一日五合ヨリ八合ニシテ役ノ軽重ニ従テ之ヲ給與ス」

一日五合なんて食べられないですよね。面白いのは仕事の軽重によって給与しますというところ。重労働にはたくさんあげるよと。米と麦を混ぜるのですが、その割合は、「其米麦相混ズル分量ハ賞表二個以上ヲ有スル者米六麦四ニシテ其他は各等分ナリ」。

さっきの「賞表」バッジがここで効いてくる。これを二つ以上つけた人は米の比率が大きい。これで差をつけたんです。このへんは非常に巧みですね。

■獄内日課

月によって違うのですが、一二月だと、六時半起床、実働七時間、一六時帰房、二〇時就寝。六、七月は農作業の最盛期で日も長いですから、四時起床、実働一〇時間半、一九時半帰房です。これはもう農家の生活スタイルに近いですね。面白いのが外役作業、そして内役作業です。これがまたすごい。

外役は、土木工事、建築工事、道路開削、伐木、開墾、農耕、薪拵、炭焼、煉瓦製造等々。内役が、炊事夫、看護夫、酒掃夫――酒掃は掃除のことです――、理髪夫、裁縫工、藁工、桶工、木工、竹工、笊工、柾工、挽割工、製網工、米搗夫、鍛冶工、紙漉工、判摺工、染工、靴工、綿打工、畳工、経師工、提灯工、彫刻工、麻工、味噌醤油製造工、雑役夫等々です。

自給自足ですから、ありとあらゆる世の中の仕事は、誰か彼か囚人がやっ

幌内炭鉱

たってことですね。この中に彫刻があります。今日は、これから囚人が建てたお寺を見てもらいます。禅宗の曹洞宗のお寺ですが、そこの彫刻も囚人が作りました。

■幌内炭鉱作業

空知集治監は幌内炭鉱がメインですね。明治一六（一八八三）年七月から本格化して、明治二二（一八八九）年に、三井グループの北海道炭鉱鉄道株式会社（北炭）に払い下げられました。

囚人の採炭労役は主として坑内作業で、やはり怪我、事故が多かった。

落盤・ガス・使用器械、運搬車等による負傷多く、その程度も圧砕・火傷・挫創傷・震盪圧迫・骨折・脱臼・失明・切断等々・このための即死あり、（…）常に配役数の二～三割が休役し、多く病監に呻吟せざるを得なかった。

一〇〇人いたら二〇～三〇人は怪我や病気で休んでいたということです。囚人だけでは出来なかったので、一般鉱夫と一緒に坑内に入っていきました。坑内には看守は入れませんから治外法権化します。要するに坑内に入ったら天国で、何をやっても自由、「飲酒あり賭博あり、猥褻、争闘あり」と。猥褻って要するに男色ですね。そういうことが看守の目の届かない坑内で行われて、非常に風紀が乱れたということで大井上典獄が廃止を数次具申。明治二七年、北垣北海道庁長官が強硬に内務省と折衝し、実現しました。

〝たこ部屋労働〟というのを聞いたことあると思います。監獄に入っていた囚人の人権は徐々に尊重されるようになっていきましたが、囚人に代わって今度は、在日朝鮮人、中国人、そういった人たちや都会で職にあぶれた人たちを引っ張ってきて、〝たこ部屋〟という逃げられない監獄のような状況において炭鉱労働に従事させたという歴史が、この後に加わります。

■余暇時間　読書・勉学・詩作

獄中では、余暇をどのように過ごしていたか。自由民権運動の闘志たちはやはりインテリですから、読書、勉学、詩作に勤しんでいたようです。小池勇という人の自叙伝からの引用が、次のようにあります。

「その後就寝起床の時限を厳にするに及びしも、予は猶ほ構はず勉強せしに或る朝三時頃一看守は之を見とがめ命令違犯として告発せり、(中略) 此頃より以後書籍に関して最も不便を感ぜしは係吏員請負商人

秋日空知眺望
高天霽聳日漸中
千壑万山秋色同
四面錦田君勿訝
元来此地富紅楓

小林篤太郎が獄中で創作した漢詩

共に不親切なるのみならず、購入は年二回に一冊或は一部づつと限られ、（中略）一冊の書物を得る容易ならず、（中略）旧友よりの差入を仰ぐに至りし事是なり」

ただ、わりと読書に関しては自由にさせてもらっていたという記録もあります。本の差し入れ等は、特に自由党の党員だったりすると、元の仲間の国会議員などがいましたから、そういう人たちから差し入れを受けたりもしていたそうです。奥宮健之という人は、後に大逆事件でまた監獄に入って最後は死刑になりますが、英語をすごく勉強していて、水崎教誨師から、「英文の原書を借り、カーライルの「英雄崇拝論」を耽読し、マコレーやジョンソンの文集に親しみ、兄から差入れられたエメルソン全集を耽読するに及び」という状況だった。そのようなことが北海道の監獄の中で行われていた。だから看守の尊敬を集めるのですね。自分たちはチンプンカンプンの原書を彼らは読んで勉強している。小林篤太郎という人も、「秋日空知眺望」という漢詩を書いています。このような生活でした。

■ **教誨と信仰**

もう一つの大事な要素はキリスト教ですね。明治一五（一八八二）年、空

明治15年　空知集治監開庁時　3名のクリスチャン看守
明治19年　市来知講義所設立
明治20年　新島襄夫妻来村
大島正健支援により空知教会設立
明治23年　大井上典獄が樺戸の本監に着任
明治24年　留岡幸助着任
総囚教誨（道義教誨）に加え希望者に宗教教誨を実施　出席者は毎回2～3百名。
留岡は病監、拘置監外役所・作業所への巡回教誨を実施

新島　襄

大井上輝前

留岡幸助

知監獄が開かれた時、三名のクリスチャンの看守がいました。これはおそらく、偶然というよりも宗教的な使命感で看守に応募したのではないかと思います。明治一九（一八八六）年には、この人たちの影響もあって、キリスト教の信者も十数人となり、市来知講義所が設立されます。明治二〇（一八八七）年には、新島襄夫妻が来道して囚人を励ました。信者の一人、大島正健という人が中心になってプロテスタントの空知教会を設立します。明治二三（一八九〇）年には、樺戸の本監に大井上典獄が着任して、教誨師たちを呼び寄せ、明治二四（一八九一）年には留岡幸助が着任します。教誨は総囚教誨、いわゆる集治監で公式に行われる全体教誨では、人倫の大道を教える道徳の講義が中心でしたが、希望者には宗教教誨を実施します。当然、これはキリスト教の話をしたということで人気があったみたいです。出席者は毎回二〇〇～三〇〇人ということで、強制でもないのに自主的に二〇〇～三〇〇人が、毎回キリスト教の話を聞くために集まったそうです。留岡幸助は、病監や拘置監、判決を受ける前の拘置所にいる囚人たち、それから外役所――外役所は雨竜や滝川にもあったそうですが――にも巡回教誨を実施したそうです。

　供野さんが収集した資料の中に、各監在囚の教育状態、信仰状態を語る表があります（次ページ）。囚人たちの中で教育を受けた者と受けていない者。

	樺戸	空知	釧路	網走	計
在監数	1,449	1,953	1,116	1,272	5,790
教育ある者	66	333	45	120	564
稍教育ある者	319	765	241	150	1,475
無教育者 仮名を読める者	583	255	448	354	1,640
無教育者 仮名を読めない者	481	600	382	648	2,111
無教育者 小計	1,064	855	830	1,002	3,751
奉教の念ある者	147	729	85	323	1,284
稍奉教の念ある者	400	307	341	798	1,846
奉教の念なき者	902	917	690	151	2,660

明治27年末現況の資料

	総囚	教育ある者	稍教育ある者	無教育者		
				仮名を読める	仮名を読めない	小計
奉教の念ある者	729	105	296	102	226	328
%	37.33	14.40	40.60	13.99	31.00	44.99
奉教の念稍ある者	307	124	148	19	16	35
%	15.72	40.39	48.21	6.19	5.21	11.40
奉教の念ない者	917	104	321	134	358	492
%	46.95	11.34	35.01	14.61	39.04	53.65
計	1,953	333	765	255	600	855

なんらかの宗教の信者である者、そうでない者、と調べて率を出しています。また、樺戸、空知、釧路、網走、当時の四つの集治監ごとに教育ある者、少し教育ある者、無教育の者、無教育のなかでも仮名を読める者、読めない者。その下は宗教心のある者、少しある者、全く宗教心のない者とあります。教育のある者は本当にごく僅か、やや教育のある者も半分もいない、三分の一以下ですね。仮名を読める者、読めない者。これだけ犯罪が増えるのは、このあたりに原因があるんだなと、そういう問題関心から調べたのだと思います。日本の監獄の現状が政府を動かして日本の教育制度にも反映されたのではないかとも思います。そういえばちょうどこの頃から義務教育を政府が整えていく時代だと思います。

■獄内風紀改革に協力する民権者

空知集治監に自由民権運動の人たちが多かったということですが、典獄や看守たちは、自由民権運動の囚人たちに、監獄の風紀を改良するのに協力してくれと依頼している。加波山事件の河野広體の話が、談話筆記から引用されています。

典獄も吾々は普通の囚人と違うということが分って居ったから、矢張こっちを利用して整理をするという様なことで、何とかやってくれというような頼みを受けたりした。役所の方であなた方がやるつもりなら無論今迄の土方部屋の様なことでは困るから、やったらよろしいでしょう。併し随分危険なことも起るから、吾々は正しい立場でやるということになると命懸けでなければいかぬというので、渡辺と云う典獄でしたが、それでは皆に話をして君等の意見を聴いてやるということになった。

立場が逆ですよね。典獄が囚人にお願いするなんて。河野さんあたりはリーダーだったと思いますが、お前たちのいうことを聞いてやるから、どうしたらいいか提案しろ、というようなスタンスです。鯉沼九八郎さんの話は『加波山事件—民権派激挙の記録』（野島幾太郎ほか、東洋文庫、一九六六）という本からの引用で、文語調です。

…いまや貴官の懇嘱を承く、あえて力を致さざらんや。さりながら、何れも一筋縄にては往かぬ、人間みな一癖ある面構えの者ども、しかもこの者どもに対してこの矯正策を断行す。事もとより容易ならず。ただ貴官の決意如何にあり、貴官幸に下拙に許すにこの全権をもってし、且つ他をして毫も容喙せしむるなくんば、身を犠牲に供して謹んで命を報ぜんと。渡辺典獄曰く、諾と。時まさに二十一年の春なりし。

すごいですね、へりくだっている。全権を持たせて、口ばしを入れないようにしてくれるなら、身を犠牲にして、命を捨てて、報いるよと。それを渡辺典獄が分かったと了解したということですね。監獄の中でこんなことが行われていたんです。

空知集治監の特徴は、炭鉱に囚人たちが入るということですが、そこには看守は入れない訳です。そうなると囚人たち自らが獄内の風紀を改めるようにしないと出来ないので、渡辺典獄は自由民権運動の同志たちに改革を任せた。それを義理に感じた。また、実際に結果として改善される。どうやって改善したかも書いてあります。これは今の感覚では考えられないのですが、ここに当時の自由民権運動の闘志たち、そしてそのリーダーだった人たちがこういう行動をしたということは、当時の自由民権運動の本質は、どういうところにあったのか、興味深いです。

いわゆる左翼思想、マルクス主義などでは、監獄を国家権力の最たるもの、「国家権力の暴力装置」と言っていた。ですから、当時の左翼の思想の人は、当然、それを敵対視して、それに反抗するのが左翼です。でも、この人たちは協力しているんです。それは、「まえがき」にあった「国を想う」、ここです。「国を想う」ということは、結局、国に協力しているんです。

監獄がちゃんとするということは、秩序をちゃんとするということは、国のためになるけれども、それはたとえば「薩長の偉い高官たちは贅沢をして、あいつら許せないと、殺してもよい」というような思想もある中で、実際、日本の監獄がちゃんとしているのが国のためだと、腐敗した政府高官を暗殺するのも国のためだし、監獄で囚人の状態を改善するのも国のためだと、そういう思想だったと思います。両方とも国のためということでつながってるんですね。それを「国家権力の暴力装置」だという考え方は、西洋のマルクス主義や社会主義の考え方だったかもしれないですが、自由民権の人たちはそうではなかった。現代の右か左か？という単純な図式では考えられないと思います。あくまで私の仮説ですが…

四．自由党総裁板垣退助が空知を慰問

明治二二（一八八九）年に自由党総裁の板垣退助が空知を訪問します。河野広中という人、加波山事件の河野広體の叔父さんで、後に衆議院議長になります。玉水常治、この人も自由党の幹部です。加波山事件の玉水嘉一は実

自由党総裁　板垣退助（いたがき　たいすけ）
天保8（1837）—大正8（1919）年
土佐藩士、明治維新の元勲、自由民権運動の主導者

空知集治監を視察　明治24年8月13日
随行者（18名）
河野広中（衆議員議員　加波山事件河野広體の伯父）
玉水常治（自由党員　加波山事件　玉水嘉一の実弟）
小塩武吉（札幌自治堂書店　経営）
岡野知荘（福島民権者　無名館創立者）
中野イト（静岡事件　中野次郎三郎の妻）
ほか

弟。こういう人たちが一緒に来ていました。この件(くだり)がまた面白いんですね。この人たちが来たのは八月一三日、お盆のちょっと手前ですね。

　八月十一日付で北海道庁第一部長から北海道集治監典獄に急信が飛んだ。

「板垣伯の一行は加波山静岡事件等にて貴監拘禁中のものへ、明十二日面接の為め立越すべき（空知を経て）やも難計、其節は（…）其談話面接の際に於ける都での模様共御報告を得度、至急を要し候間面接相済み候はば直ちに御発送相成候様」…というのである。

板垣退助がいつ来るかということで、北海道庁が非常にピリピリしていたんですが…

「（…）板垣伯並河野氏等は急用あり市来知村より札幌に帰」った（…）

（空知）監獄側では、同志らと接見をおえたこの薄気味悪い遠来の賓客を、土地の名峰タップ山頂のあずまやに迎えて、開けゆく大石狩国の展望に厚く遇することを忘れなかった。

樺戸に来るかと心配していたのに、空知集治監から直接、札幌に帰った。ということで、何を目的に来たのか筆者の供野さんも良く分からない、少しだけ来てすぐ帰った感じですね。今でいう政治家の視察みたいなものかもしれませんが、ただ自由党ですから当時の最大野党です。「我々視察してきたが監獄の状態はどうなっているんだ」と国会で取り上げられたら、これまた問題ですよね。ですからピリピリしました。この当時、北海道庁の管轄下にありましたから。ですから北海道庁もピリピリしていたということで、板垣退助は、自分たちの元の仲間たちがもうちょっと待遇が良くなるようにという思いがあったかもしれないし、これをネタにして国会で政府を攻撃しようとしていたのかもしれません。確かにこの後、監獄の囚人たち、自由民権運動の囚人たちに対する待遇が良くなったという記録があります。

そして囚人たちが皆、けっこう真面目で態度が良かったので、明治天皇のお母さんの英照皇太后が亡くなった時に特赦が出て、かなりの人数が釈放されます。収監者が多く監獄がいっぱいになってしまったという事情もありますが、それでたくさんの人たちが刑期を前に出獄しています。

鯉沼九八郎
栃木県議会に進出、「加波山将軍」と称される。中央政界に招聘されるも拒否、金に淡白、政治的節操堅く、地方政客として重きを成す。典獄渡辺惟精と終生親交を結ぶ。大正13年73歳で没。

門奈茂次郎
「東北実業新聞」発刊、憲政党に尽力。福島肥料商会を設立するも挫折。その後養鶏業や観光業に着手するが成功せず。昭13年夕張市に移住、15年2月80歳で没。

河野広體
明治29年公使星亨に随伴し渡米、ボストン留学、ニューヨーク、欧州へ渡り帰国。その後、海外殖民事業に従事。晩年板垣らと「自由党追遠碑」「大阪事件之碑」「原利八之碑」建立。
昭和16年77歳で没。

五．出獄後の民権者たち

■加波山事件

出獄の足取りも供野さんは調べています。出獄した人の足取りはなかなか面白いです。

河野広體は監獄を出て、明治二九（一八九六）年、公使星亨に随伴し渡米、ボストンに留学し、ニューヨーク、欧州に渡った後、帰国します。日本の労働力が過剰だったので、その後、メキシコとかアメリカへの入植をやりました。

門奈茂次郎は憲政党に尽力します。実業にけっこう明るい人だったので、『東北実業新聞』を発刊したり、福島肥料商会を設立したりしますが、成功しませんでした。それでも本来の侠気から、かつての同志等の窮迫は見ておれず、居宅は無料宿泊所の感があったそうです。

鯉沼九八郎。監獄改良に貢献したといいます。栃木県議会に進出して、加波山将軍と称されました。中央政界に招聘されるも拒否します。金には淡白で政治的節操の堅い人でした。栃木県の重鎮です。典獄の渡辺さんと親交を結びました。

五十川元吉。この人は、大宮鉄道工場、今も大宮にはＪＲの工場ありますが、そこに勤務し、後に朝鮮に行って農業管理者として開発に貢献します。

鈴木音高
新天地をシアトルに求め実業の才を著わす。後に日本にて移民奨励、国論喚起の行脚。大正 13 年没。

小林篤太郎
帰郷後名古屋にて東海日日新聞創立。のち三瓦㈱を起すも、基督教に入信し牧師として伝道に奉じる。昭和 12 年 72 歳で没。

五十川元吉
大宮鉄道工場等に勤務の後、朝鮮にて農場管理人として開発に貢献。
昭和 4 年同地にて 69 歳で没。

そのまま朝鮮で亡くなります。

小林篤太郎。この人は名古屋に戻って、『東海日日新聞』を創立します。その後、瓦の会社を起こします。キリスト教に入信して牧師として伝道に尽力しました。

■静岡事件

鈴木音高。この人は確か元は山岡という苗字だったらしいですが、鈴木というところに養子に入ります。英語が得意で、新天地をシアトルに求めて実業家となります。いろいろな自由民権家の人たちがこの人を頼ってシアトルに行っています。

面白いのが中野次郎三郎。集治監に入る前は北海道開拓を志して試験に受かります。けれども、船で渡る時に嵐で荒れて、なかなか船が出ないで一週間も二週間も足止めくらって、その間に飲み屋に入り浸ってお金を使い果たしてしまい、結局、北海道行きを断念しています。でもやはり才能があるので、静岡新聞の記者になりました。自由党の活動に誘われて、静岡事件に関わったことになって、入獄して空知に入ります。希望通り北海道に渡ることが出来た感じでしょうね。奥さんがまた出来た人でして、札幌に来て髪結いをしながら慰問に通うんです。当時の自由民権の仲間たちにも差し入れをし

奥宮健之
出獄後数次の海外渡航の後、平民社に出入りし、日本労働党結成や執筆活動を展開したのちに幸徳秋水の大逆事件に連坐、検挙され、明治44年死刑となる。

小池　勇
郷里岐阜県池田村長に任じ村政で業績を挙げる。40年岐阜県会議員に当選地方行政発展に貢献した。昭和15年86歳にて没。

中野次郎三郎
北海道開拓を志すも迷走し、静岡新聞記者に転じたが、自由党活動中静岡事件に関与、断罪され空知へ入獄。妻のイトは札幌で髪結いをしながら慰問に通う。出獄後は東京新宿で余生を送り、大正８年ころ没。

たり、努力するんですね。出獄後は東京、新宿でわりと平穏に奥さんと仲良く余生を送ったと言われています。昔は、こういうように動く人が多かった。なにか文章を書けたり、英語が喋れたり出来た。

小池勇。この人は岐阜で村長になります。当時の村長は国から派遣される村長です。その後、岐阜県議会に出て当選して、地方行政をして、八六歳まで長生きしたと。このように地元に帰って活躍する人も多いんですね。

■名古屋事件　群馬事件

奥宮健之さん。名古屋事件の人です。英語を勉強していた人で、英語が得意なので、パリ万博の時に芸奴さんや日本の文化を売り物にしようと、一座を組んでパリに行って、ヨーロッパを回って興行したらしいです。それで金儲けました。この人やっぱり英語できるから通訳かなんかやっていたと思うんですね。それからシアトルに行ったり、神学校巡りに行ったりですね、英語を駆使して海外で活躍したようです。その後また平民社に出入りして幸徳秋水と付き合って、正義感強いのでしょうね、幸徳秋水の大逆事件に連座して検挙され、死刑になりました。せっかく監獄から出てきて活躍していたのに死刑です。この人は思想家としても力があって、『奥宮全集』が出ています。執筆家でもありました。今、奥宮健之を研究している人もいるみたいです。

宮部　襄
3回の挑戦の後、衆議員議員に当選。高崎を地盤として群馬政友会の重鎮として活躍。晩年は東京日暮里在住し大正12年77歳で没。

塚原久輪吉
シアトルに渡り鈴木音高の東洋貿易商会の社員となるが、その後の足跡は不明。

塚原久輪吉。さっきのシアトルの鈴木音高さんの会社に行って、社員となって、その後の足跡は不明。あまり話題のない人です。

群馬事件の宮部襄。三回も選挙に落ちて、やっと衆議院に当選します。高崎を基盤として群馬政友会で活躍しますが、政友会を始めたのは伊藤博文ですね。自由党で事件起こしておいて、政友会の重鎮になるっていう時代だったんですね。他にも大隈重信の改進党に鞍替えする人もいます。今もあっち行ったりこっち行ったりする政治家がいますが、当時からそういう政治家は多かったらしいですね。自由民権運動と言っても、その人によっていろいろなのですね。権力側についてそこの重鎮になっちゃうということなんですね。

六．北海道に移住した民権家

監獄には入っていませんが、北海道の各地に、自由民権運動の活動家がずいぶん入っています。

■福島自由党

栗原足五郎。この人は河野、五十川らと活動していました。根室で亡くなっています。

山口千代作。衆議院議員もやった人で、福島で養蚕事業をやるのですが失敗しまして、北海道で挽回しようと養蚕事業を普及に来ましたが、それも上手くいかなくて、結局、樺太に行って亡くなります。

■高知の土佐自由党

土井勝郎。保安条例で入獄して片岡健吉から監獄で薫陶を受けます。武市安哉が創設者の聖園農場のその後を引き継ぎました。武市安哉の娘婿となって聖園農場を継承しますが坂本直寛とそりが合わず、農場経営から政治の世界に行き、道議会に進出します。政治の才能があったんですね、道議会議長に就任します。

前田駒次は、高知県本山村の一一カ村の助役をしていた、かなりの実力者ですが、武市安哉と一緒に第一次先発隊として浦臼に来て入植します。その後、北光社というグループを作って、隣町の芦別野花南、北見訓子府に入植地を広げます。入植地を広げてそこの支配人となりまして、道議会議員となり、議長にもなり、今の北見市の町長も歴任します。北見では前田駒次という名前は必ず出てきます。

ご存知の坂本直寛。坂本龍馬の甥で土佐自由党の理論家です。明治二〇（一八八七）年、保安条例で入獄します。坂本直寛も入獄しているのですね。一時、県議会議員をつとめますが、その後はキリスト教伝道と共に北海道入植移民の精神的支柱となり、明治四四（一九一一）年、札幌で亡くなります。かなりあちこちで活躍したのですね。

■阿波自由党

前田安助・兵治一家。弟の兵治は阿波自由党の指導者で民権運動に家産を投じて家を潰してしまう。それで徳島から北海道に活路を求めて来るのですが、岩見沢、三笠、月形、美唄と転々とし、どこに行っても農業が上手くいかない。一族が後を頼って来ますが、最終的に、どこに行ったか分からない。ちょっと悲しい事例ですね。

立派な人もいて、阿部興人一家。稲田騒動、明治維新の時に淡路島がどこに帰属するかで相当揉めたらしいのですが、その稲田騒動の参謀だった阿部興人は、自由民権家になって改進党から衆議院議員に五回当選します。自由党なのに立憲改進党。落選が続いたものですから、来道して篠路で農場経営をします。篠路は福島、筑前黒田藩からも入植していますが、徳島からも入植していて、あいの里は徳島の人たちが開拓したらしいです。徳島は全国一の藍の生産地ですから、それにちなんであいの里という名前にしたのですね。当時、藍という漢字にするかどうかで揉めたらしいですが、子どもでも読みやすい平仮名にしたといいます。その後、実業界に進出します。滝本五郎は実弟で、その長子の宇之八が北海タイムス、後の北海道新聞を発刊します。

■和歌山自由党

上野勘助。岩見沢市お茶の水で農業を開始して、空知管内から数度の落選の後、道議会議員に当選します。当選して間もなく、二期目半ばの四八歳で亡くなりました。

■北陸自由党

福井県の吉田卓。この人は北海道殖民課に入り、長沼村長、砂川村長になっています。その後、道議会議員一期の後、余市町長に派遣され、任期中に亡くなりました。

ということで、自由民権運動と北海道との関わり、集治監に収監された人たちがどういう役割を果たし、どういう生活をしていたのか、その後その人たちはどういう人生を歩んだのかを見てきました。また、監獄には入っていないけれど、移民した自由民権運動の人たちについても簡単に紹介しました。北海道からの視点で自由民権運動をまとめた研究があまりないのです。

北海道は西郷隆盛にとっても北の備えということで非常に大きな意味を持った。坂本龍馬も自分はいずれ明治維新になったら北海道で開拓に従事したいと言っていた。北海道は、当時の新しい時代を象徴するような存在でしたが、監獄と開拓という視点からみると、負の側面もまた北海道に押し寄せていて、自由民権運動の人たちも北海道で収監されて、かなり過酷な思いをさせられたという事実はあるわけです。そういう視点から、月形や監獄の歴史だけでなくて、北海道の歴史の中で自由民権運動というのをどういうふうにスポットライトを当てるのかというのも、面白い作業になるのではないかと思います。

第6講

2019.1.7

樺戸監獄剣術師範

永倉新八

池波正太郎
1923年東京浅草生まれ。60年「錯乱」で直木賞受賞。77年「鬼平犯科帳」「剣客商売」「仕掛人藤枝梅安」の三シリーズで吉川英治文学賞を受賞した。90年没。

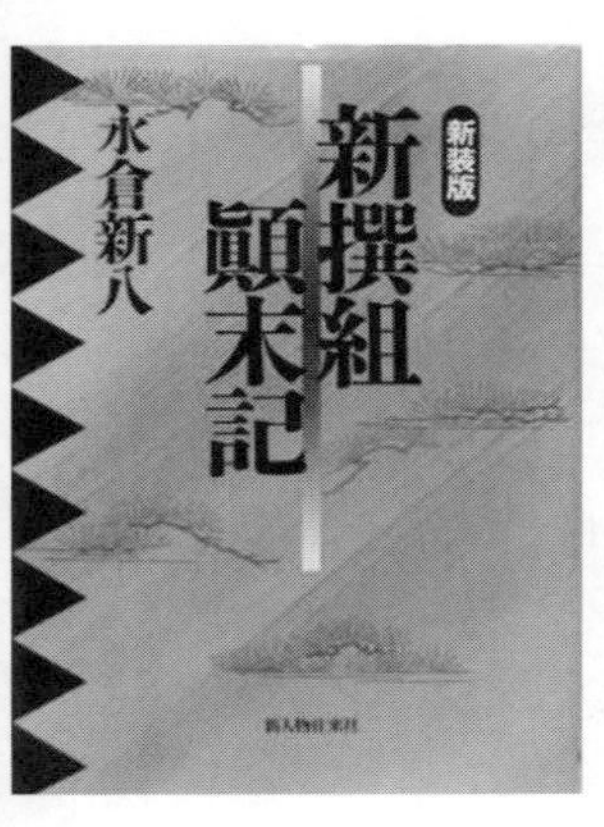

永倉新八『新撰組顛末記』
永倉新八の口述による回顧録を記録したもので、1913年3月17日から同年6月11日にかけて、「新撰組 永倉新八」という題で『小樽新聞』で連載された。執筆は小樽新聞社の記者、吉島力。

一．樺戸監獄剣術師範　永倉新八

はじめに

今回は永倉新八（ながくらしんぱち）がテーマです。新撰組といえば、土方歳三。函館戦争で討ち死にしました。新撰組の組長だったのが近藤勇。そして月形の樺戸監獄に縁のある有名人として、最近『ゴールデンカムイ』という漫画、アニメにもなっていますが、永倉新八が登場しています。今、にわかにまたこの名前が注目を集めているというわけです。

ここでの話は基本的に三冊の本をベースにしています。

まず、池波正太郎『幕末新選組』。池波正太郎は歴史小説家で、特に江戸時代の侍の小説、『鬼平犯科帳』などが有名ですね。池波は永倉新八が大好きだそうです。永倉新八の本を何冊か書いています。この『幕末新選組』は永倉新八の生涯を書いたものです。

次に、著者が永倉新八となっている、『新撰組顛末記』。これは小樽新聞社で三ヶ月以上にもわたって記事にした、永倉新八の回顧録をまとめたものを、息子の杉村義太郎が亡父の一三回忌を記念して発刊した本です。

杉村悦郎（すぎむら　えつろう）
1950年、北海道生まれ。
札幌東高、明治大学卒業。タウン情報誌を経て、現在、企画制作会社（株）イザ勤務

そして一番参考になったのは、『新選組　永倉新八外伝』です。実はこの著者の杉村悦郎さんは永倉新八のひ孫です。

（この本は）維新後も生き残った永倉新八の後半生を辿ったものである。新選組については大勢の研究家がおり、数多くの著作が発表されてきた。しかし、生き残った隊士のその後をまとめたものは意外と少ない。新八の後半生を調べながら実感したのであるが、身を潜めるように生きていたためか、資料が乏しいのである。

ここがポイントですね。明治維新で官軍である薩摩と長州が幕府を倒して新しい政府を作ったわけですが、その頃には、永倉新八はいわば戦犯です。戦後で言えばＧＨＱのＡ級戦犯で処刑されかねないくらいの重罪人です。当時の維新の志士たちを切ったわけですから。指名手配こそされなかったけれど、それに近いくらいの存在だったので、永倉新八は明治維新後は自分の足どりがあまり辿られないように、身を潜めるように生きてきた、ということで資料がなかなか残っていないのです。

ただ、この著者は家族というか子孫ですから、家に伝わっている情報もある。

明治 14 年開庁時の樺戸集治監

新選組についての著作から新八に関する記述を抜き出し、わずかばかりの家伝を加えた構成になっており、ほとんどは諸氏の労作に負っているというのが正直なところである。

（杉村悦郎『新選組　永倉新八外伝』あとがきより）

あとがきに書いてありますが、ひじょうに参考になりました。戸籍をたどると永倉は何回も引っ越しているらしいです。追われているというのもあったのかもしれません。この本は、その足どりをつぶさにたどって記録していますが、それでも分からないところがあります。

（二）樺戸集治監剣術師範　杉村義衛

永倉新八は明治一五〜一九（一八八二〜一八八六）年、足掛け五年、実質四年半、樺戸集治監に剣術師範として着任していますが、この時の記録がほとんど無いのです。何をどういうふうにやっていたかは、もう推測するしかありません。

もう一つ不幸なことに、明治一八年に、この樺戸集治監本庁舎の建物が焼けてしまいました。その時に記録が失われたということもあるかもしれませ

看守の服装

熊谷正吉（くまがい　しょうきち）
大正14（1925）―平成28（2016）年
月形町生まれ。月形町役場に勤務
月形樺戸博物館
元名誉館長

ん。永倉自身も、あるいは場合によっては監獄の関係者も、彼の足どりが表に出ないような形で匿っていたようなこともあるのかなと思います。

当時の看守の姿です。サーベルを下げています。この間にピストルも持たされたようですが、全員には行き渡らなかったみたいです。相変わらず看守が囚人たちに対して威力を発揮するのは剣であったということで剣術を修行したということです。

永倉新八が確かに樺戸にいたことを証明する唯一の物証というか記録が戸籍簿です。「寄留簿」と言われるものです。それを発見したのが熊谷正吉さんです。もう亡くなりましたが、私も熊谷さんにいろいろ教えてもらいまして、資料も見せていただきました。熊谷さんの一番弟子と、私は自負しております。

二〇一四年に月形ライオンズクラブの五〇周年ということで、たまたま私がその記念事業の担当でした。最初は子どもたちに郷土の歴史読本のようなものを作りたいと話がでたのですが、それはちょっと大変ですし、熊谷さんの『樺戸監獄』という本が絶版になっているので、これを再版しようと提案したところ皆さんの賛同を得て、熊谷さんもこころよく了承していただきました。前の本の発行元の北海道新聞社の了解を得て、かりん舎にお願いして出来上がりました。

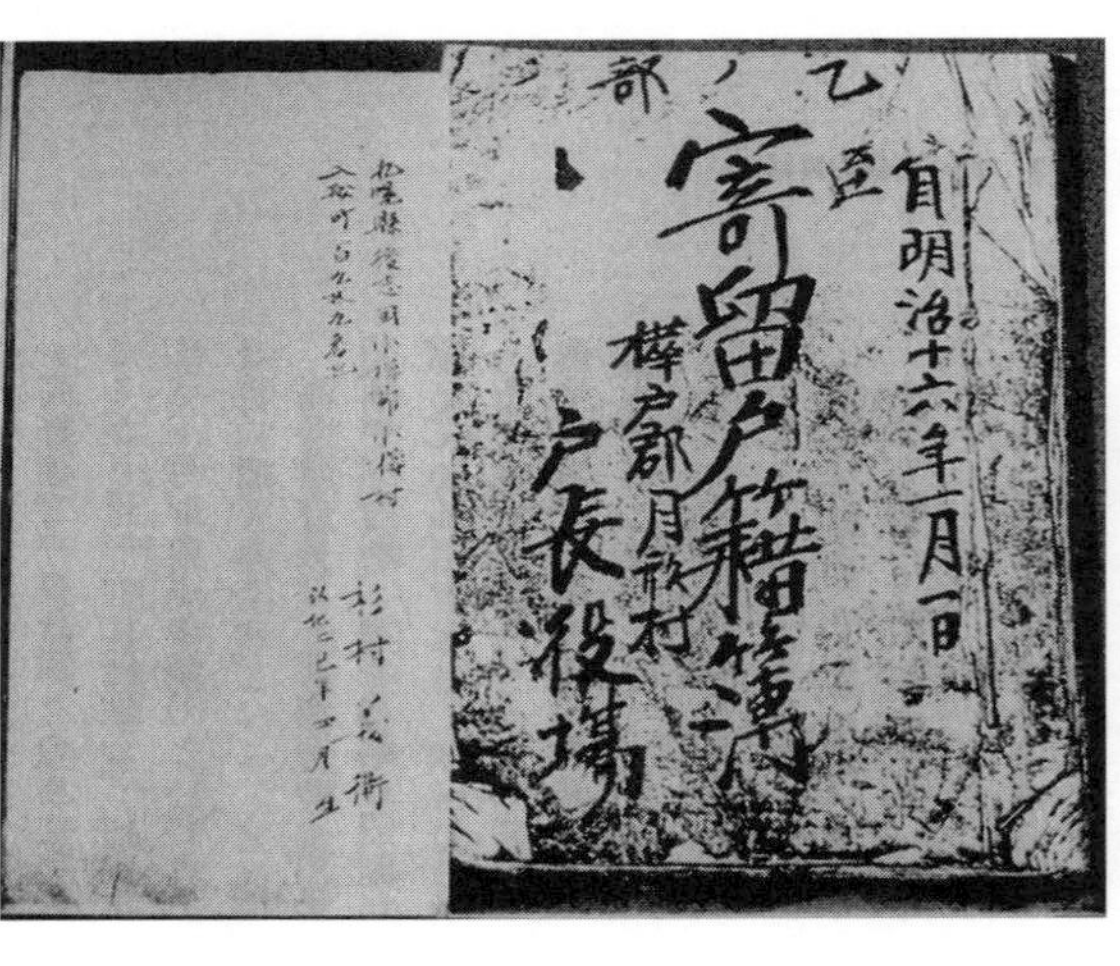

〝杉村義衛〟の名前が印された寄留戸籍簿

その本の中に、次のように書かれています。

私の祖父が昔、樺戸集治監の看守であったこと（……）新選組の生き残りの隊士が集治監で看守に撃剣を教えていたことなど、こどもの頃から母から聞かされていた。（……）札幌在住の作家・栗賀大介氏から、月形町長あてに手紙が来た。（……）永倉新八の生涯を執筆中であるが、永倉がかつて月形にあった樺戸集治監で剣術師範をしていたとのことで、何か町に記録があったら教えてほしいという内容であった。

幸い私は昭和一九年三月、月形村役場に書記補として奉職し、兵事（へいじ）戸籍係を担当していた。終戦と同時にその筋の達しにより兵事関係の書類は一切焼却処分にするよう、また村の兵事戸籍主任からは、ついでに保存年数の経過した古文書も同時に焼却するよう命じられた。

ということで調べたところ、「明治一六、一七年の寄留簿（……）も含まれていた」。熊谷さんは、自分が看守の孫で、こういう記録は貴重だと思っていたので、上司の命令に背いて残しておいたそうです。それを紐解いてみたら、永倉新八は、実は杉村義衛（すぎむらよしえ）という名前に変わっているのですが、杉村義衛の名前を見つけて、確かに月形、樺戸に来ていたのだということを報告し

蝦夷松前城（現北海道松前町）

旧松前藩上屋敷跡（東京都台東区小島２-18）

たのです。

（二）剣豪永倉新八の生いたち

永倉新八は松前藩の人間で、侍だったということは分かっています。当時、どこの藩も上屋敷が江戸に、地元の城下にも城があって、それぞれに家老がいました。城代家老と江戸家老です。そのうちの、やや江戸家老に近いくらいの身分の家に永倉新八が生まれました。かなり位が高いと言っていい。今の東京都台東区小島に上屋敷があったと言われています。今は学校になっているみたいです。

八歳の時に岡田十松の神道無念流撃剣館に入門します。かなりやんちゃで親が手を焼いていたようです。子どもの頃から暴れん坊でした。江戸家老なので、親も本当は事務方として行儀良く育てたかったらしいですが、そういうのは嫌いで、とにかく剣の道に一所懸命だということで、今の神田猿楽町にあった撃剣館に通います。技術にはランクがあり、一五歳で切紙です。切紙はかなり高いものらしいです。一八歳で本目録、いわば師範代、師範の代わりを務められるくらいになります。腕を上げたということで、その年に免許皆伝。一八歳ですから、元服して名を永倉新八と改めます。

(三) 一九歳で松前藩を脱藩

一九歳で松前藩を脱藩します。脱藩は剣の道を究めたかったということのようです。維新の志士とか、同じ脱藩浪人でも坂本龍馬とは違います。脱藩しなくても良かったのかも知れないですが、なぜか脱藩します。

そして、親友の市川宇八郎と一緒に剣術修行に出ます。剣術修行といっても坂本龍馬のように土佐を脱藩して江戸に出てくるのとは訳が違います。どういうふうに過ごしていたのかはよく分かりません。

とにかく永倉新八は剣に対してものすごく思い入れの強い人で、これは生涯変わりません。思想信条などは全然関係ない、ただ剣が強くなりたいという思いだけだったようです。武士道ともちょっと違う。各藩の藩校などで本当の武士道は受け継がれていたけど、江戸幕府には無かったらしいです。

ただ、嘉永六(一八五三)年に黒船が来て大騒ぎになった頃、坂本龍馬も江戸に剣術修行に来ていました。ハリスが条約改正に江戸に入って将軍と面会した安政四(一八五七)年にも二回目の剣術修行で来ていました。坂本龍馬は北辰一刀流です。まだ脱藩しておらず(坂本龍馬の脱藩は一八六二年)、この時、龍馬は江戸をうろうろしていたのだけれど、脱藩志士ではなく藩の剣術修行という名目で江戸に来ています。坂本龍馬の実家は才谷家という、身分は低いけれどもかなり有力な商人の家だったので、お金はいっぱい持っ

新撰組組長　近藤勇（こんどう　いさみ）
天保5（1834）−慶応4（1868）年
武蔵国多摩部（東京都）出身

「試衛館」跡。東京都新宿区市谷柳町25番地

ていた。資金には困らない。それで江戸に修行に来ていたそうです。だから、坂本龍馬は永倉新八とも剣の手合わせをどこかでしていたかも知れません。

（四）新撰組との出会い

永倉新八は自分の道場だけで飽き足らず、当時流行っていた試衛館という近藤勇の道場に通って腕試しをします。彼らとの交流が始まるわけですね。その関係で文久三（一八六三）年、新撰組に加わります。

京都の情勢が不穏になってきて尊皇攘夷の浪士たちが暴れまわっていました。これを抑えなきゃならないという名目で、清河八郎という人が幕府に働きかけて浪士組を編成します。元々は尊皇攘夷派で、けっこう、力を持っていた人らしいです。人を説得するのも上手だったのですね。新撰組は幕府側だと我々は見ていますが、この時は幕府側であって倒幕ではない。そういう考え方を幕府に説いて、天皇を守りながら京都の治安を維持するということで浪士組を編成しました。

八月に新撰組を結成して京都で活躍することになります。新撰組の所属は京都守護職、会津藩の松平容保の配下に入るということですが、市中見廻組という会津藩の侍たちとは別系統で、独自の組織です。

太秦映画村の“池田屋”のセット

（五）池田屋事件で活躍

翌年、有名な池田屋事件が起こります。尊王過激派の志士たちが池田屋で何か暴動を起こすために秘密会議をすると噂で流れます。どこでやるんだと、新撰組は必死に調べて、池田屋が怪しいぞと分かります。新撰組の隊士の一〇〇人くらいが分かれて、あちこち調べていたのですが、池田屋の一帯は近藤勇、沖田総司、永倉新八、藤堂平助という腕の立つ四人が調べていました。

そして、その四人で踏み込んだ。映画でよく出てくる「御用改めでござる」って有名な言葉で、近藤勇が踏み込んだ。中には薩摩、長州等の隊士たちが二〇数名いて、斬り合いになります。その内、一番、剣の達人と言われていた沖田総司が戦線離脱をしてしまいます。元々、体が悪かったんですね。藤堂平助も怪我をして離脱します。それで、近藤と永倉が二人でこれを防いで時間を引き延ばします。そのうちに土方歳三等が応援に駆けつけて討ち取ったということです。

池田屋事件は、わずか四人の新撰組隊士が二〇数名の尊王攘夷の過激派たちを討ち取ったというので有名な話になります。これがもし発見されないで暴動が実行されていれば、歴史が変わっただろう、明治維新はもうちょっと早かっただろう、という説もあります。もしくは、実は京都の市内を焼き討ちするという計画だったらしいので、京都の市内が焼け野原になっていただろうという人もいます。少人数で多勢を討ち取ったという意味で、新撰組の最大の武勇伝になります。

(六) 禁門の変から鳥羽伏見の戦いまで

一八六四年七月、禁門の変*が起こります。これによって当時の尊皇攘夷の急先鋒だった長州勢が京都を追われます。この時は薩摩と仲が悪かったのですね。会津と薩摩の連合と長州が戦って、長州が京都を追い出されます。会津藩の一部隊として新撰組も参加して永倉も戦っています。

その後、新撰組の名前が有名になって評価が高まると同時に、近藤勇がだんだん偉くなって内紛が起きます。フラットで同じ立場の者同士だったのに、近藤勇が殿様のように偉い態度をするので不満に感じた永倉たちが意見表明をして近藤勇を諫めようとします。それで元の鞘に収まるのですが、この時に永倉新八が存在感を示したのです。新撰組では、とにかく近藤勇だけがクローズアップされますが、そうではないんだぞということですね。

このあたりは、日々政治状況が急変します。思いっきり端折って行きますが、昨日まで戦っていた薩摩長州が同盟を結び、一八六八年には鳥羽・伏見

＊禁門の変
元治元年（１８６４）７月19日
蛤御門（はまぐりごもん）の変とも。文久３年８月18日の政変で京都を追われ、朝廷の九門の一つ、禁門警備の任を解かれた長州勢が勢力奪回を図って敗れた事件。
会津・薩摩連合ＶＳ長州
新撰組は会津藩の一部隊として参加。初めての実戦となった。
この時永倉新八、原田左之助負傷。

の戦いです。[*1] 徳川慶喜が大政奉還をして朝廷に征夷大将軍を返上するというなかで、今度は薩長が幕府の方を追い詰めていくわけです。

その時に新撰組は幕府とともに参戦しますが、敗北し、京都を追われてしまいます。徳川慶喜は船でいち早くさっさと江戸に帰ってしまう。行き場の無くなった幕府軍達は敗走するのですが、新撰組もそれと一緒に敗走します。

（七）甲陽鎮撫隊

その後、実は幕府は新撰組に甲陽鎮撫隊[*2]というのを命ずるんですね。甲州勝沼、今の山梨県です。が、なぜ行ったのか。甲州は天領、つまり幕府の直轄地でした。最後にここが砦になるはずだったのですが、実はこの時、油断してしまうのです。同じ甲州街道沿いに近藤勇らの故郷である三多摩地域があります。そこで大歓迎を受けるのです。近藤勇は百姓の出で、剣が強くて道場をやっていただけなのだけれども、殿様を守って帰ってきた、ということで大歓迎を受けて道々で宴会をやってしまう。その間に板垣退助の政府軍がお城に先回りして入ってしまうんですよ。

城（甲斐城）が占拠されているので、近藤たちは諦めて退却します。甲斐城を根城にして食い止めようとしたのですが、先に入られてしまって間抜けな結果になってしまいます。

＊1　鳥羽・伏見の戦い
慶応3年（1867）11月に徳川慶喜が大政奉還。

新撰組は旧幕府軍と共に参戦するが新政府軍に敗北。

＊2　甲陽鎮撫隊（甲州勝沼の戦い）
鳥羽・伏見の戦いののち、新撰組は甲陽鎮撫隊と名を改め、近藤勇は大久保剛（後に大和）、副長の土方歳三は内藤隼人と変名して、慶応4年3月1日に江戸を出発し甲府へ向かった。

甲陽鎮撫隊は勝沼（現・甲州市）まで前進し甲州街道と青梅街道の分岐点近くで軍事上の要衝であるこの地に布陣した。300いた兵は恐れをなして次々脱走し、121まで減ってしまった。

3月6日、甲陽鎮撫隊と新政府軍との間で戦闘が始まった。戦況は鎮撫隊側が不利で、新政府軍からの砲撃で大砲は破壊された。会津の援軍が虚報だとわかると、近藤、永倉新八、原田左之助らの説得も空しく、兵は逃亡した。甲陽鎮撫隊は八王子へ退却した後に解散し、江戸へ敗走した。近藤らはその途中土方と合流した。

＊永倉・原田、近藤と訣別
「我が家来に相成るなら同志いたすべく、左様なければ是非なく断り申す」

この近藤の言葉は、一旦は瓦解した同士を収拾する労をとった永倉・原田には我慢の出来ないものであった。

永倉・原田に志を同じくするものたちも、近藤の言葉に腹を立て、

「左様なれば是まで長々御世話に預り有難く存ずる。」と、これまでの恩に対し謝礼をし、近藤の元を去っていった。

この後、近藤勇は、官軍に捕縛され、板橋刑場で斬首された。

永倉新八の妻　杉村よね

結局、行き場が無くなってしまったのですが、その時、ある意味、永倉や原田左之助は近藤を見限っていたのかも知れません。近藤自身も、もう半ば諦めていて、死に場所を探していたみたいなところもあるのかも知れません。

資料に、「永倉・原田、近藤と訣別」＊とありますが、「我が家来に相成るなら同志いたすべく、左様なければ是非なく断り申す」と、近藤勇がこんなふうに言ったものだから、永倉や原田はもう一度、みんなを集めてやろうとしたけれども諦めます。そして、「左様なれば是まで長々御世話に預かり有難く存ずる」、そして近藤の下を去っていきます。その後、近藤勇は官軍に捕縛されて板橋刑場で斬首されました。

永倉新八は、会津を助けに行こうとするけれども道々で官軍に取り囲まれてしまう。入り込む隙がないということで、雲井龍雄という有名人に会って相談をしたらしいけれども上手くいかず、その辺うろうろしていたようです。

（八）戊辰戦争終わり、松前藩医の養子に

明治二（一八六九）年に戊辰戦争が函館で終わり、その後の僅か二年間ほど、永倉が、どこをウロウロしていたのかよく分かりません。恐らく身を隠していたのだと思います。最終的に松前藩に帰藩するのですが、もう永倉とは名乗れないので養子に入るんです。

藩の医者、杉村松柏の養子となって、杉村義衛と改名します。奥さんは杉村よねさん。当時は館藩って言いました。函館の函が付いたのはその後らしいです。

明治六年には長男義太郎も誕生します。

近藤勇・土方歳三の供養碑（東京板橋）

松本良順（まつもと　りょうじゅん）
天保3（1832）—明治40（1907）年
江戸麻布（東京都港区）生まれ
幕末〜明治期の医師、長崎大学医学部創設者
父（佐藤泰然）は順天堂大学創始者

（九）近代医学の祖　松本良順の支援で墓碑建立

明治九（一八七六）年、近藤勇の墓碑を永倉新八が建てます。東京の板橋駅をちょっと歩いて二、三分のところです。私もお参りして来ました。地元の人が今でもちゃんと管理してくれていて、今も花を飾ってある。近藤勇、永倉新八にゆかりの史跡なので地元の人にとっては誇りなのでしょうね。建てる時は松本良順という医者がスポンサーとしてお金はほとんど出したようです。この時、永倉は自分の生活も覚束ない状況だったので金は全然無いわけです。かなり立派な墓碑で、これだけのものを建てるのには金がけっこうかかるでしょう。高額のお金をもらって、それを全部つぎ込んのだと思います。

司馬遼太郎の『胡蝶の夢』という全四巻の本があります。この主人公が松本良順です。幕府の医者の養子となって松本良順と名乗りますが、元々は千葉県、佐倉の佐藤泰然という人の子どもです。

松本良順とポンペ

松本良順が優秀だったからか、次男だからか、松本家の養子になります。優秀だったので安政四年に長崎に派遣され、長崎の伝習生の医師として留学します。その時、オランダ軍医ポンペと会います。実質的に日本に最初に近代医学を教えたのがこのポンペです。鎖国していますから、幕府の医師はポンペから直接に教えを受けることは出来なかった。松本良順が塾頭として、全て教えるという形をとって一般の生徒に教えて、学校を運営していた。その時代のことが全部、『胡蝶の夢』に出てきます。日本の医学が、どういうふうに生まれてきたかというのがよく分かります。ドイツではなくオランダですよ。オランダを通じて全ての情報が入ります。

（一〇）松本良順と新撰組

なぜ松本良順と新撰組が繋がるかということですが、この人は幕府のお医者さんだったので、戊辰戦争になってからも幕府の医者として、従軍医師としてあちこちを回っている。松本良順が西洋のいろいろな文化や技術を学んでいるということで、近藤勇が良順を訪ねて、開国と攘夷との是非を問うたといいます。良順は近藤に分かり易いように、今の日本と西洋の力の差を、「刀と大砲」と例えて、むやみに攘夷を唱えるより日本の将来のために開国を是とするとして、近藤を感服させたということです。近藤はむやみに幕府

永倉新八（長倉英治）

天保十年（1839）4月11日誕生　松前藩上屋敷内の長屋で誕生したといわれる。
弘化3年（1846）8歳
岡田十松の神道無念流撃剣館に入門
15歳で切紙、18歳で本目録を得る
安政3年（1856）18歳
神道無念流免許皆伝。元服し、名を長倉新八と改める。
安政4年（1857）19歳
松前藩脱藩　名を永倉新八と改め市川宇八郎とともに剣術修行に出る　天然理心流道場「試衛館」に通い近藤勇らと交わる
元治元年（1864）6月5日　池田屋事件
明治4年（1871）家老下国東七郎の計らいで松前藩に帰藩。藩医杉村松柏の養子となり、娘の杉村よねと結婚、杉村義衛と改名する。
明治6年（1873）長男　義太郎　出生
明治9年（1876）松本良順の支援を得て近藤勇らの墓碑建立に奔走
　同年　5月　板橋に墓碑完成
明治15年（1882）10月　樺戸集治監　着任
明治18年（1885）8月　月形潔　非職
明治19年（1886）6月　樺戸集治監　辞職
その後　東京牛込に剣術道場を開く
明治24年（1891）小常との娘岡田磯子と再会
明治27年（1894）日清戦争開戦時抜刀隊に志願したものの、断られる。
大正4年（1915）1月5日　永倉新八　死去
死因は虫歯による細菌感染から敗血症

を守るべきだということではなく、今の日本の進むべき道はやはり開国だということに目覚めたらしいです。

そんな縁もあって西本願寺の新撰組屯所に招かれて回診しています。当時はやはり新撰組の隊員達の栄養状態もあまりよくなかったのでしょうね。江戸に帰って新撰組の近藤や斉藤一、傷付いた隊士たちの治療を行って、沖田総司の最期を看取ったとも言われています。この人も侍で、新撰組が大好きだったのでしょうね。

松本良順が長崎に行って、ポンペ先生から医学を学んで、西洋の事情も学んで帰ってきたら幕府と薩長が戦っている。その中で何を思うでしょうかね。自分はどう生きようかということをいろいろ考えたと思います。時代の変わり目、価値観が変化していく時に何を拠り所にして生き方を考えるのか、これは非常に興味深いですね。

明治四年に新政府の陸軍の創設者である山県有朋の要請で、軍医頭となって陸軍軍医部を編成します。初代の軍医総監でしょうかね。七六歳で亡くなりましたが、幕府の要職にいたからお金はいっぱい持っていたと思います。かなりの報酬を貰っていたはずです。西洋医学にとっては日本に二人といない医学の権威です。

ちなみにお父さんの佐藤泰然は順天堂大学の創設者です。松本さんは長崎大学医学部の前身を作ったということです。

この時、交流があって、一緒に仕事をしていたのが関寛斎です。この人は松本良順の跡を継ぐような人で、軍医総監にもなれたのですが、それを捨てて北海道の陸別に七〇歳過ぎてから入植しました。開拓農民として入ったのです。『北海道地主制史論』という本の中にも出てくるそうです。

『胡蝶の夢』の最後に、関寛斎のことが書かれています。司馬遼太郎自身が陸別に取材に行っています。関寛斎が開いた土地に立って、その文章を書いている。やはり衝撃ですね。軍医総監にもなれた、ある意味、日本の医学の創設に関わったような人が、なぜ陸別のような北海道でも一番寒いところ、最果てのところに入植したんでしょう。しかも、最後は自殺でした。

（一一）永倉新八、北海道へ

明治九年頃、東京と松前を永倉新八は行ったり来たりします。明治一五（一八八二）年、樺戸集治監に来る前は東京で道場を開いていたと言われています。その頃はもう幕末維新の薩摩・長州、官軍と幕府軍との関係はかなり薄れてきていて新しい時代に入ってきていたので、昔のことはもういいいじゃないかっていう感じだったらしいです。

にわかに剣術ブームが始まって、東京にぼこぼこ道場が出来始めます。明治一〇年頃から、そういう状況になっています。結局、時代が不安定なので、もう一度、原点に戻って剣を身に付けるということだったのかと思います。そんなこともあってか、永倉は樺戸集治監で剣術を教えるということで着任しました。どうしてそういうことになったのかは、よくわかっていません。

明治一五年一〇月に着任して、一九年に辞任します。わずか四年半くらいです。明治一四年に樺戸集治監が始まりましたから翌年には来ています。一〇月、冬を前にしてやって来ました。

その前年の冬はかなり寒く、飢えも出てくるし、四人達にも不穏な動きがあっただろうと思います。冬を乗り切るには永倉新八のようなネームバリューのある剣の達人が来て、引き締めてもらわないともたんぞ、ということだったのではないかと思います。明治一五年一〇月に着任した時の典獄は月形潔でした。明治一八年八月に月形潔が非職、要するにクビになりますが、この経緯には複雑な背景がありまして政治情勢が絡んできます。それに前後して、次の年に永倉新八も辞めてしまいます。やはり月形潔がいなくなったことと、それからもしかしたら次に来た長州出身の安村治孝という典獄と折り合いが悪かったのかも知れません。とにかく、明治一九（一八八六）年に辞職して、その後、また東京に行って剣術道場を開いたそうです。

明治二四（一八九一）年には、恋人だった京都祇園の芸奴さんの小常とい

永倉の実娘　岡田磯子

う女性との間に出来た子どもと再会します。小常さんは体が弱く亡くなりますが、鳥羽伏見の戦の際、永倉は乳飲み子だった子どもを京都の魚屋さんの夫婦に預けて、京都を去りました。五〇両だか一〇〇両だか渡したそうです。相当な大金です。この子の面倒見てやってくれということで去ります。それが明治二四年にこの娘と再会する。芝居の劇団の人気役者になっていました。

明治二七（一八九四）年、日清戦争が始まり、当時五五歳の永倉は抜刀隊に志願します。昔の侍で志願兵という人がけっこういたらしいです。今こそお国のために役に立ちたいということだそうです。特に新撰組は朝敵の汚名を着せられたことをずっと引きずっていますから。でも、「お気持ちだけ」と断られたそうです。これに対して、悔し紛れに「元新撰組の手を借りたとあっては、薩摩の連中も面目丸つぶれというわけかい」と笑ったというエピソードが残っています。

（一二）小樽に転居

明治三二（一八九九）年に小樽に転居しますが、この間もしょっちゅう引越しで、あっち行ったりこっち行ったりしています。

息子の杉村義太郎は、小樽の財界の名士になります。劇場を作ったり、実

北大正門前にある案内版とプレート

新八が孫の道男に剣術を教えた小樽水天宮境内

業家で力があったらしいですが、その息子に支えられた面があったのではないかと思います。義太郎もやはり永倉新八のことを立てていたようです。最後までそれだけの人物だったのだと思います。

小樽時代の有名な話。孫を連れて映画館から出てくる時にその辺のチンピラに絡まれて、永倉新八が杖かなんかを持っていて、ジロリと一睨みしたら何もしてないのにそのチンピラ達はすくみあがって逃げ出した、それくらい迫力があったというエピソードがあります。その時はおそらくもう七〇歳近かったと思います。孫と一緒に行った時にそういうエピソードが残っていると言われています。孫に剣道を教えていたのは神社の境内です。おそらくこの時もずっと鍛錬は怠らなかったのだと思います。

（一三）北大剣道部を指導

大正二（一九一三）年三月、北海道大学の剣道部が永倉新八のことを聞きつけて三顧の礼で指導に来てくれと頼んだらしいです。永倉はすごく喜んだようです。張り切って行って、演舞場で真剣の形を披露しますが、振りかぶった途端に張り切りすぎて後ろに倒れたというエピソードが残っています。当時七五歳でした。いま北大の正門前の歩道に記念の看板とプレートがあります。

大正二年には、小樽新聞に新八の回顧録が連載されます。三月から六月まで計七〇回に及びました。

杉村義衛翁逝く

「永倉新八」と題し一昨年中本紙に連載せる當區花園町杉村義太郎氏の厳父義衛翁は舊臘以来病臥中なりしが

永倉新八事故杉村義衛翁

六日終に逝けり行年七十七、氏が近藤勇の心友にして勇の歿後板橋に其墓碑を建てしは讀者の知りたまふところ、八日午前十時出棺葬儀を營む筈なりといふ

（一四）大正４年　永倉新八死去

新八はその二年後に亡くなります。非常に虫歯に苦しめられた最期でした。痛くて苦しんだのでしょう。さしもの新撰組最強の剣豪も虫歯には勝てなかったのだと思います。歯医者は、どうもあまりお勧めしなかったらしいんですが、結局、抜いてくれということで無理矢理抜いてもらって、それが原因で感染したようです。当時は消毒技術もそれほど無かったでしょうけど敗血症が原因で亡くなります。享年七七歳。新聞に連載もされていたので、小樽の人には有名だったのだと思います。

二．考察――永倉新八と月形潔をつないだのは誰？

さて、月形潔と永倉新八を誰がどう繋いだのかという問題です。これは未だにはっきりしたことは分からないのです。杉村悦郎さんの説によれば、山岡鉄舟だろうと言われています。山岡鉄舟と永倉新八の繋がりは分かります。ちゃんとあります。新撰組の前身、浪士隊の時に、世話係で山

山岡鉄舟（やまおか　てっしゅう）
天保7（1836）—明治21（1888）年
江戸に生まれる
幕臣、政治家、思想家
剣・禅・書の達人

岡が行っています。

山岡鉄舟は幕府の大事な役目を現場で任される人間だったらしいですね。その時に近藤勇や永倉新八ともかなり交流があったと思われるし、その後、戊辰戦争で負けて帰ってきてからも永倉新八との繋がりはあったみたいです。山岡鉄舟と永倉新八は繋がりが分かります。ただ樺戸に派遣するという月形潔との繋がりが見えません。

月形潔を樺戸に派遣した時の内務卿は伊藤博文です。伊藤博文や長州勢も幕末の頃、道場に剣の修行で入ってきて近藤勇らの道場とも近かったのです。だから、その当時も何らかのやり取りがあったのかも知れません。彼らは個人的な繋がりを大事にしますから、もしかしたら伊藤博文が山岡鉄舟に頼んだのかも知れません。

他に考えられることとしては、山岡鉄舟が明治一五（一八八二）年の前までの一〇年間、天皇の侍従をやっていたということですね。山岡鉄舟も自分の手柄を残さない人で、位階返上もしています。表彰されるのに返している。それで井上馨が慌てて、何回も行ったけれども、結局、受け取らなかったらしいです。

明治維新で一番象徴的なシーンは、江戸城開城でしょう。教科書では、勝海舟と西郷隆盛が座敷で会合して、あれが象徴になっていますが、実は違う。その前に、山岡鉄舟が駿府に、西郷隆盛が進軍してくるところに行って話を決めて来ている。その時、すでに周囲には官軍が充満していますから、それをすり抜けながら行くのですが追われる。あいつら怪しいぞって追われます。清水の港かどこかで船に乗るのですが、着いたところで清水の次郎長が到着している。実は清水の次郎長、幕府派でした。ある人が手配して、清水の次郎長に山岡鉄舟を受け取らせて無事に官軍の本部まで届けてくれたというエピソードがあります。もしかしたら、その時に山岡鉄舟がどこかで捕まるか殺されていたら、江戸城の無血開城はなかったかもしれません。山岡鉄舟は巧みに自分の手柄にしないようにしました。勝海舟と西郷隆盛が決めたようにお膳立てした。

維新後、山岡は新政府に協力しますが、問題のある藩、紛争の起きる藩に派遣されて、それを全てまとめて来るのです。要するに保守派と革新派で入り乱れて争って、藩自体がいろいろ揉めるし、新政府から県知事、藩知事を送り込んでも従わないでサボタージュしたりするし、色んな問題があちこちで起きてくる、そこに山岡鉄舟を送りこむのです。山岡鉄舟を派遣するのが誰の仕事だったか思い出せませんが、西郷隆盛が絡んでいた。西郷隆盛と山岡鉄舟は繋がっていました。

山岡は旗本です。この人は報酬もけっこう得ていただろうけど、実は親戚

山岡鉄舟揮毫の道場看板（月形町役場所蔵）

に博打みたいな事業をやる人がいて、それが炭鉱の事業につぎ込んで借金をこさえてしまった。それを山岡鉄舟が返してやっているんですね。どうやって返したかというと「書」です。生涯で一六万枚だか一八万枚だとか、掛け軸を描いて、それを売った。だから全国に山岡鉄舟の書がいっぱいある。当代一流の書の達人であることは誰もが認めています。それで、その人の借金を全部背負い込んで自分で返した。書の達人って意外とそういうところがあるみたいですね。

また山岡は明治天皇と相撲を取ったそうです。当時、明治天皇は、特に西郷隆盛が死んでから、酒飲みがエスカレートして侍従とか部下の言うこと聞かないで暴れたりしていたらしいです。山岡は天皇と相撲を取って、投げ飛ばして諌めたそうです。不敬だと処分されることを覚悟したらしいですが、天皇の方から謝ってきたらしいですね。

他の本では、悦郎さんの日記から、「樺戸集治監の看守長、山本譲の次女の手紙に、「函館にいた新八の招聘に山本が骨を折った」とあるという」とあります。貴重な発見がありそうな感じですが、この後どうなったかはよく分からない。山本譲、高野譲というのが居ました。高野譲は新潟出身で、月形潔時代に樺戸監獄で看守長をやりました。その人の実の弟は山本五十六です。最後のミッドウェー海戦の山本五十六ですが、五十六が山本家に養子に

永倉新八の陣羽織（北海道博物館所蔵）

入りました。それで元々は高野五十六でしたが、山本姓になって有名人になりました。その実の兄が樺戸集治監に看守長で来ていた高野譲さんです。ようするに、結局、誰の引き合わせで永倉新八が樺戸に来たかは分からない。月形潔も、幕末維新で冷や飯を食った福岡藩の人間なので、新撰組の永倉新八とは恐らく色んな会話があったと思いますが、その記録が全然残っていません。

月形には一人で住み、家族は小樽にいたようです。

永倉新八の陣羽織ですが、裏側に自分の刀傷の記録を書いているみたいです。孫にも刀傷の自慢をしていたらしいです。

「忠君愛国の士」というフレーズがあります。要するに朝敵の汚名を晴らしたいという思いがずっとあって、近藤勇や土方の石碑を建てたのも、やはりそれ、「忠君愛国」が入る。要するに自分達は賊軍ではない、我々は天皇、お上をお守りして戦ったんだということで、それを捻じ曲げてひっくり返すのが薩摩、長州のやつらだ、みたいなのはあったと思います。名誉を特に侍たちは重んじた。そのために奔走してあちこちに石碑を建てて、後世に残る歴史の中で、永倉新八は生き残った者の務めとして、近藤勇や土方歳三に関して「忠君愛国の士」として遺したい、新撰組の名誉を回復したい、ということはあったと思います。

永倉新八

『幕末新選組』には次のくだりがあります。

新八が北海道に来てから、諸方を回り、剣術の試合を行った相手に署名を乞うた帳面が現在も残っている」「新選組副長、永倉新八改め杉村義衛と堂々としたためてある。新八が新選組にかけた青春にはいささかも悔いはないものであった。

まもなく新八は樺戸に新しく設立された集治監の剣術師範として招かれた。つまり監獄の嘱託となったのである。樺戸監獄は現在の北海道樺戸郡月形町にあって、ここでは囚人達の精神修行のため、剣術を習得させることにした。「よし、来た！」。新八としては久しぶりに血が踊る思いで、一に二も無く、妻子を連れ、樺戸に赴任した。

（池波正太郎『幕末新選組』）

樺戸には妻子は連れていっていないのですが、ともかく、これしか書いていない。明治一九年六月、新八は剣術師範を勤め、四八歳になって、辞職をしたということしか書いてない。「よし、来た！」って言ったかどうか分からないけど。

要はやっぱり剣術を教えたかった、自分の剣の腕を頼まれたら嫌とは言わない、喜んで行く、そういうことだったのかと思います。それが監獄で、明治政府の末端であっても構わない。心の中にはちょっと引っ掛かりがあったから、一切、記録は残さなかった、足跡を残さなかったのだと思います。でも、とにかく自分の剣が役に立つのなら、どこにでも行くよ、みたいな思いがあったと思いますね。

看守だけではなく囚人にも教えたと書いてあります。推測ですが、囚人の中にもいろいろいて、他の囚人たちを統率するような模範囚もいたから、そういう人には教えていたのかも知れないですね。

永倉新八は事務屋にはなりたくなかったのだと思います。管理職になりたくなかった。だから、脱藩しなければならなかった。下級武士ならまだしも、ある程度は世襲だから、管理職的な立場に立たされることになる、それは自分の性に合わないと。親もちょっと藩の組織に収まらんなって見ていたと思います。それなら自分は剣一本で、世の中で身を立てる、といった思いがあったのかも知れません。

新八は永倉家から杉村家に入りましたが、元をたどると永倉（長倉）家は松前藩の藩主の側室の家です。側室だけど、新八の大叔母に当たる勘子という人がやり手で、藩を大分牛耳っていたらしいです。その関係で長

東京都板橋の永倉新八の墓にて

倉家の系列が松前藩の重役に就くのですが、その一人に蠣崎波響（かきざきはきょう）がいます。長倉家から蠣崎家に養子に入って家老に就きました。絵心があって、アイヌの酋長さんを緻密なタッチで描いた「夷酋列像」という有名な絵を描いてます。そんな系譜も興味深いところです。

新撰組最強の剣豪が月形に五年間も住んでくれたという、せっかくのご縁です。随分あっちこっち横道にそれながらですが、永倉新八の波乱万丈の生涯を皆さんと辿ってみました。お付き合い有難うございました。

第7講

2019. 2.10

今も真相は闇の中？ 熊坂長庵と藤田組贋札事件

熊坂長庵（くまさか　ちょうあん）
弘化元（1844）—明治19（1886）年
明治時代の日本画家。江戸で奥原晴湖にまなび、郷里神奈川県愛甲郡で小学校訓導をつとめる。明治15年藤田組贋札事件の犯人として逮捕され、無期徒刑となる。北海道樺戸集治監で服役中の明治19年4月29日病死。43歳。事件の真相は不明。本名は澄。字は明澄。号は湘川

はじめに

最後に取りあげるのは藤田組贋札事件です。教科書では決して教えない、現代に繋がるような面白い内容です。日本で唯一の偽札事件と冤罪とが複雑に錯綜した事件ですが、それだけにややこしい。しかし大げさに言えば、当時の日本の近代化の背景にある政治と実業の繋がりがわかります。

明治一〇年前後の話です。熊坂長庵というのが今回の主人公です。冤罪で樺戸集治監に収監されて亡くなった人です。神奈川県愛甲郡中津で生まれています。小学校の校長先生をやって地域に貢献したということで、地元の人たちはすごく尊敬しているというか、非常に評価されています。熊坂長庵のお墓は月形の囚人墓地の片隅にあります。

一．テキスト——松本清張「不運な名前」

まず松本清張です。彼は『ゼロの焦点』『砂の器』といった、いわゆる社会派推理小説を書いた人で、古代史の発掘、邪馬台国の論争など、その辺にも見識のある人です。社会の裏側、表に出ていない歴史的な事実を探るのが好きで、『日本の黒い霧』『昭和史発掘』などシリーズで出ています。『昭和

熊坂長範（くまさか ちょうはん）
平安時代の伝説上の盗賊。牛若丸（源義経）とともに奥州へ下る金売吉次の荷を狙い、盗賊の集団を率いて美濃青墓宿（または赤坂宿）に襲ったが、かえって牛若丸に討たれたという。
源義経に関わる大盗賊として広く世上に流布し、これにまつわる伝承や遺跡が各地で形成され、後世の文芸作品にも取り入れられた。

史発掘』は三〇〇万部の国民的ベストセラーになっています。

その松本清張が藤田組贋札事件を取り上げて書いた短編小説が「不運な名前」です。文春文庫『疑惑』では前半に書名となった小説「疑惑」、後半にこの「不運な名前」が入っています。

なぜ「不運な名前」という題名にしたのか。架空の人物ですけども、大泥棒、盗賊で、歌舞伎にもなっている熊坂長範という名前の、当時有名な人物（キャラクター）がいました。それに熊坂長庵さんが重ねられて、松本清張はこの「不運な名前」という題名にしています。長庵の方は雅号であって、本名ではないのですが、無理矢理こじつけられたのかも知れません。

当時、いわゆるマスコミが出始めた頃で、いろんな新聞がいっぱい出されていて、政府批判やゴシップを記事にしていました。新聞が売れる、ということで、こういう題材に飛びついたということもあったのかもしれません。

ところでこの小説、何回読んでも、まだ良く分からないところがあります。中篇ですが、内容が深くて細かい。これをテキストにしてみていきます。

基本的には登場人物は三人しかいないのです。

〈登場人物〉

安田――ノンフィクション作家で、藤田組贋札事件を追及して、これを本

松本 清張（まつもと せいちょう）
明治42（1909）―平成4（1992）年
1953年に『或る「小倉日記」伝』で芥川賞を受賞。以降しばらく、歴史小説・現代小説の短編を中心に執筆した。
1958年には『点と線』『眼の壁』を発表。これらの作品がベストセラーになり松本清張ブーム、社会派推理小説ブームを起こす。以後、『ゼロの焦点』『砂の器』などの作品もベストセラーになり、戦後日本を代表する作家となる。
その他、『かげろう絵図』などの時代小説を手がけているが、『古代史疑』などで日本古代史にも強い関心を示し、『火の路』などの小説作品に結実した。緻密で深い研究に基づく自説の発表は小説家の水準を超えると評される。
また、『日本の黒い霧』『昭和史発掘』などのノンフィクションをはじめ、近代史・現代史に取り組んだ諸作品を著し、森鴎外や菊池寛に関する評伝を残すなど、広い領域にまたがる創作活動を続けた。
（ウィキペディア）

にしたいと思っている人。これは松本清張自身のことだと思います。松本清張は昭和五五年五月、取材のため北海道行刑資料館（現月形樺戸博物館）にひそかに来館しているそうです。

伊田平太郎――元校長先生で熊坂長庵の出身地、神奈川県の愛甲郡中津村の出身。長庵を尊敬していて、冤罪を晴らしたいという人です。この人のモデルは実際にいて、何回も月形に来ているそうです。

神岡麻子――謎の女性で、素性は最後にカミングアウトされます。

この三人の人物が、樺戸の北海道行刑資料館（当時）で偶然、出会って、そこで熊坂長庵の冤罪について話し合っていく。特に安田さんと伊田さんはいろいろな情報を出し合って、熊坂長庵の冤罪について紐解いていくわけです。

■藤田伝三郎

藤田伝三郎は山口県出身で、長州の奇兵隊のメンバーでした。政界には行かず、実業界に進んだ人です。明治期の関西財界の重鎮になっていきます。関西の商工会議所の設立にも貢献した人です。藤田財閥グループの創立者でもあり、いろいろな仕事をしています。

藤田伝三郎（ふじた でんざぶろう）
天保12（1841）—明治45（1912）年
明治期の関西財界の重鎮で、藤田財閥の創立者である。建設・土木、鉱山、電鉄、電力開発、金融、紡績、新聞、などの経営を手がけ、今日の多くの名門企業の前身を築いた。また有能な経営者を多数育て、美術品の収集家、慈善事業家、数寄者としても名高い。号を香雪と称す。藤田組の創始者。男爵（民間人で初めての男爵）。現在の山口県萩市出身。元奇兵隊士。

《藤田組は藤田伝三郎が明治十四年に従来の商社を組合組織として改組したもの。伝三郎は長州萩に生れ、幕末には長州藩の志士とともに国事に奔走した。維新後、大阪に移り、軍靴（ぐんか）製造をはじめ土木建築業・鉱山業などを営み、関西財界に重きをなしたが、十二年にいわゆる贋札事件が起こった。…》

（松本清張「不運な名前」より）

藤田組は、要するに株式会社の始まりみたいなものです。そして軍靴、靴といえば、この頃、初めて日本人が靴を履き始めた頃です。それまでは、下駄、わらじの時代ですね。

軍隊の兵隊の靴から始まりました。その技術をヨーロッパから導入して、技術者もいっぱい連れてきて、軍靴製造が始まりました。ちなみに軍靴製造は何社かが始めていますが、それが一つにまとまって出来たのが日本製靴、即ち後のリーガルです。僕らの世代には憧れのリーガルの始めはここからだったんですね。

土木・建築でいうと児島湾（岡山）の干拓も手がけた人です。鉱業だと同和鉱業です。藤田の従兄弟の久原房之助が日本鉱業という会社の創設者です（今で言えばＪＸグループの元）。藤田伝三郎は、要するに今の日本の財閥系企業のひとつの元を作った人です。東洋紡績の前身も、藤田観光も。有名なところでは、椿山荘は藤田観光のものです。もともとは藤田組が作った迎賓館みたいなものだったと思います。椿山荘は一時、山縣有朋の私邸になりました。それから箱根小涌園。南海電鉄、関西電力、三和銀行、毎日新聞、全部この人がかかわってつくったそうです。

二．事件の背景

（一）近代的貨幣制度の導入期

明治十一（一八七八）年、贋札事件が起きました。近畿地方を中心に各府県から二円札の贋造紙幣が多く発見されました。その頃、藤田組は急激に大きくなっていったのですが、世間の人からすると「何かいかがわしいことやっているんじゃないか」という風評が立った。これと贋札事件とが結びついて、藤田組がやったんじゃないかということで始まりました。明治政府の中で長州閥がのさばって、それに対するやっかみみたいなものもあったのだと思います。

この背景には、貨幣制度が初めて日本に導入された創成期だったということがあります。それまでは、貨幣統一の令として「新貨条例」*が明治四（一八七一）年に明治政府から出されました。当時はまだ各藩が藩札を発行

＊新貨条例
明治４（１８７１）年、明治政府の出した最初の貨幣統一令。混乱した貨幣制度を整理し、金本位制を確立しようとしたもの。貨幣呼称を円・銭・厘とし、一円を原貨と定めた。

二円札

＊ゲルマン紙幣
明治５（１８７２）年に、政府は旧紙幣を回収し、流通している紙幣を統一するために、新紙幣「明治通宝」を発行した。当時の日本には技術がなかったことから、ドイツの印刷業者に原版の製造を依頼した。このため、この新紙幣は「ゲルマン紙幣」とも呼ばれていた。

していましたし、その藩札をまとめようと太政官札を政府も出していました。その他にもいろいろなお金が国内に流通していました。

住友、三井などの財閥は江戸時代の両替商から始まっていますが、なぜ両替商が大きくなれるのかということです。要するに、いろいろなところで出している藩札や金貨や小判がある、それが出所によって価値が違うし、出来た時期によって金の含有量が違うために、交換比率がものすごく複雑だったのです。それを交換するのに、両替商が非常に役立ったのですね。そこに持ってこないと、自分が使いたいお金に替えられないというわけです。

そんな状況のなかで、これから国際化していく上で日本は遅れた国にならないように、政府は新貨条例を出して通貨を統一しようとしました。

そこで登場したのが、佐賀藩出身で早稲田大学を作った大隈重信です。「円」という名前を大隈重信が考えたんです。大隈重信は経済に明るかった人です。こうして、円が日本の通貨になりました。

政府は明治五年から藩札や太政官札を全部回収して紙幣を統一しようと明治通宝を作りました。しかし当時、藩札や太政官札にいっぱい偽札が流通していて、それを防ぐためには複雑で非常に高度な印刷技術を使った紙幣でなければダメだということになりました。ただ、この技術は日本にはありませんでした。そこでドイツの印刷業者に原版を作ってもらって、最初はドイツ

大久保利通（薩摩）

黒田清隆（薩摩）

伊藤博文（長洲）

西郷隆盛（薩摩）

井上馨（長州）

山県有朋（長州）

で印刷してから持って来ていました。これをゲルマン紙幣*と言います。

(二) 薩摩・長州の権力闘争と自由民権運動の激化

もう一つの背景が、薩摩と長州の権力争いです。ご存知の通り、明治維新は薩摩と長州が力を併せて幕府を倒して、新しい明治の時代を作ったわけですが、この頃になると、やはり薩摩と長州の権力争いが出てきます。

まず征韓論を巡って同じ薩摩の西郷と大久保が対立し、西郷隆盛が下野して明治一〇年に西南戦争で斃れます。大久保は日本の新しい政府を守るという立場だったので、その時は長州勢とタッグを組んで西郷隆盛を倒したわけですが、それが終わって翌年、大久保利通は石川県の士族に暗殺されてしまいます。それで薩摩で唯一、政界の実力者として残ったのが黒田清隆です。

一方の長州ですが、木戸孝允は病死しますが、井上馨、山県有朋、伊藤博文、この人たちが力をつけてきます。そして藤田伝三郎や何人かの長州系の政商が日本の資本家の先駆けになっていきます。財閥の資本家です。西南戦争の時もそうですが、戦争や新しい事業で長州の政治家とつながって資本蓄積をしていくわけです。

好意的に考えれば、その時に蓄積した資本で重化学工業や、大きな資本を必要とするような事業の元が出来たわけですが、ただそれに対していろいろ

熊坂長庵作

な新聞や自由民権運動の中から、そして一般庶民も含めて、批判がすごく激しくなっていきました。藤田組贋札事件とは、そういう中で起きた事件だということです。

三．藤田組贋札事件

藤田組贋札事件ですが、以下、「不運な名前」から引用していきます。

熊坂長庵が逮捕される前、藤田伝三郎の捜査を行ったのは川路大警視の命をうけた中警視安藤則命であったが、そのきっかけは二つあった。まず明治十一年の暮から、京都、大阪、兵庫、岡山、熊本、鹿児島の各地方からの納租中にたびたび贋造（がんぞう）紙幣が発見された。

租税の納入は現金です。当時、米の物納から金納になっていました。

《その製造が精巧で（紙幣の模様となっている）蜻蜓（とんぼ）の足が一本足らぬだけの差で容易に真贋の区別がつかぬ二円紙幣であった。当時の噂では四百倍の顕微鏡で見て、はじめてこれを発見することが出来るとい

井上馨（いのうえ　かおる）
天保6（1836）—大正4（1915）年
長州藩士　政治家・実業家

うのであったが、四百倍にも拡大すれば、蜻蜓の足だか何だか解らなくなるのではないかと思うが、当時はこんな噂も真実と信ぜられていたほど、いろんな宣伝は行なわれたのである》……

——藤田伝三郎逮捕のきっかけの第二は、東京警視庁が藤田を内偵中に、藤田から不行跡の理由で解雇された元手代の木村真三郎という者が、藤田家の内情と称する「実地録」なるものを書いて、警察官にさし出したのである。

今でいう内部告発ですね。

《その大要は、藤田伝三郎は、長州閥の大官井上馨（かおる）と謀（はか）り、井上は欧州巡遊中、仏、独二国に紙幣を贋造せしめ、明治九年十月これを井上参議御用物として日本に送り越した。自分（木村）は舶来の函中に確かに青紙幣のような物あるを見た。また贋造紙幣の一部分が反物（たんもの）に巻込みあるを実見した。自分が長崎出張中にいまだ世間に通用せぬ新紙幣数万円を取扱った。この秘密は伝三郎の甥なる藤田辰之助及び手代新山陽治より、十年十一月中、藤田組大座敷の次の間にて聞いた》

中野梧一（なかの　ごいち）
天保13（1842）―明治16（1883）年
もと幕臣。戊辰（ぼしん）戦争では箱館五稜郭でたたかう。ゆるされて新政府につかえ明治7年山口県令となる。翌年実業界に転じ、西南戦争では政商藤田伝三郎と軍需品調達にあたる。大阪商法会議所副会頭もつとめた。藤田組贋札事件や開拓使官有物払い下げ事件にかかわり、明治16年9月19日自殺。42歳。江戸出身。前名は斎藤辰吉。

（当時の）藤田組の経営は、藤田伝三郎と中野梧一とで行なわれていた。中野は長い間山口県令をしていたが、明治八年十二月に県令を辞して藤田組に入ったのである。

この人も実はいわくがある人です。中野梧一は長い間、山口県令をしていました。今で言う山口県の知事ですね（当時は官選）。県令を辞めて藤田組に入ります。今では考えられないですけども、（官と民を）行ったり来たりしていたようです。西南戦争前後からその営業が急激に膨張した、とあります。特にさっき言った軍靴でかなり大儲けしたらしいですね。

藤田組は西南戦争前後からその営業が急激に膨張したが、これは長州出身の伝三郎と元山口県令の中野とが、伝三郎と友人関係にある伊藤・山県・井上ら長閥の大官と結託したための営業発展と世間の眼には映っていた。とくに自由民権運動家が藤田組の急激な発展の裏には長閥顕官との醜関係があると唱えていた。

要するに癒着があるのではないか、ということですね。そのキーマンであ

川路利良（かわじ　としよし）
天保5（1834）―明治12（1879）年
薩摩藩士、警察行政の確立者。
1871年（明治4）東京府大属となり邏卒（らそつ）（ポリス）制度の創設に従事、翌年洋行してヨーロッパの警察制度の調査にあたり、帰国後、意見書を提出して、国を強くするためには警察制度を確立しなければならないと主張した。大久保利通のもとで警察機構の確立に取り組んだ。西南戦争（1877）に際しては陸軍少将を兼ねて出征。戦後、再度洋行したが病をもって中途帰国し、明治12年10月13日病没した。

る中野梧一はなぜか明治一六（一八八三）年に自殺しました。

一方、取り締まる方の川路利良大警視とは日本の警察制度の最初を作った人です。初めは西郷のお仲間、手下みたいな感じでした。でも最後は西郷隆盛を討伐する側になりました。大久保利通の懐刀と言われていました。

日本の国家を作る上で警察制度はかなり重要でした。当時、不平士族がいっぱいいたので、東京の治安を守るということから警察制度を重視して、警視庁をこの人に任せたわけです。

西郷を倒した大久保利通は、薩摩の人間から裏切り者と恨みを買いましたが、日本を近代国家にするために警察制度を確立しなければと尽力しました。そこで川路が力を持ってきます。川路は、ヨーロッパに警察制度の調査に行っています。それで、フランスのシステム（巡査制度）を導入したようです。

この人が自由民権運動を取り締まっていたわけで、自由民権運動の闘士達が長州の政治家と政商とのつながりを告発するわけですね。そうなると、裏づけもあって説得力もあったので、川路も「これじゃいかん、政府の方の不正も正さないと自由民権運動は収まらないぞ」と、この取り締りにかなりエネルギーを注ぎました。

この人もまた途中で亡くなってしまいますが、これがまたミステリーで

安藤則命（あんどう　のりなが）
文政11（1828）—明治42（1909）年
薩摩藩士。明治時代の官僚。
東京府市中取締隊長などをへて警視庁中警視となる。明治12年藤田組贋札事件を追及し、上層部の干渉によって罷免された。のち元老院議官をへて、23年貴族院議員。明治42年11月23日死去。82歳。

す。贋札事件とタイミングが符号していて、毒殺されたのではないかという噂が出たくらいです。

川路は、藤田組贋札事件の捜査を指示します。その下で捜査にあたったのが安藤則命です。彼も薩摩藩士です。一所懸命、偽札の出所を探索しました。実は、この安藤則命の下で捜査に当たったのが月形潔だったのです。ここでまた月形潔が関わってきます。

捜査している時に、さっきの手代、木村真三郎による告発が出てきました。ただ、証拠になるような贋造紙幣が当然どこかにあるはずだと藤田組の建物や家宅捜索をしましたが、証拠物件が全然出てきませんでした。しかも、五枚や一〇枚じゃなくて、少なくとも何千枚も出ているはずだから、ということで調べましたが、全然出てこなくて、結局、捜査は打ち切りとなりました。

安藤則命は進退伺いを出しました。免官となり位記返上を仰せ付けられます。懲戒免職になったわけですね。

《木村真三郎は、妄想をもって附会に属する密告書をことさらに実地録と題してさし出すなど誣告罪に問われ、懲役七十日の処分を受けた。これにて一件落着した。その後、明治十五年に入って、贋造紙幣の真

熊坂長庵の墓（民間有志が月形の囚人墓地に建立）

熊坂長庵作「梅花美人図」

犯人として神奈川県中津村で熊坂長庵が逮捕された。二千八百枚を偽造し、内二千余枚を行使した罪状によった》

ここからは、三人の会話になってきます。長庵を擁護する伊田は力説します。

「長庵先生は政治裁判の犠牲者ですよ。もっというなら、政府部内の長閥と薩閥の権力争いの犠牲者です。警視局は、はじめ贋札事件を口実にして藤田組の藤田伝三郎、中野梧一の汚職捜査を行なおうとした。じっさい、長閥の井上馨や陸軍大輔・鳥尾小弥太あたりに、伝三郎は贈賄をしていましたからね。その贈収賄事件の捜査が長閥の妨害でモノにならなくなると、こんどは藤田や中野が花札の博奕(ばくち)をしていたと聞込んで、それでひっかけようとした。それもまた駄目だとわかると、最後には長庵先生を相模国中津村から引張ってきて、贋札事件のケリをつけたんです。なにしろ世間では藤田組が贋札を造って儲けているという風評が消えませんでしたから」

なぜ突然、熊坂が出てくるのかという話は説明が難しいです。いろいろな

得能良介（とくのう　りょうすけ）
文政8（1825）―明治16（1883）年
もと薩摩藩士。維新後新政府にはいり、民部大丞兼大蔵大丞、大蔵大丞、大蔵省紙幣局長をへて明治11年初代印刷局長となる。ヨーロッパの印刷技術を導入し、国産紙幣の製造に力をそそいだ。
明治16年12月27日死去。59歳。名は通生。号は薫山。

絡みが出てきますから。

「川路大警視の死、安藤中警視らの追放によって川路直系のいなくなった警視庁では、たぶん伊藤内務卿の意をうけたと思いますが、すぐさま贋札犯人に該当するような者の物色にあたりました。当時警視庁には諜者（スパイ）というやつをいっぱい傭（やと）っていましたからね。その網にひっかかったのが熊坂長庵でしょう」

今度は怪しい奴、ひっかける奴を見付けようとする訳です。藤田組を守ろうとする。藤田組への疑惑を払拭するために真の犯人を見つけなければならないということだったらしいです。

四．大蔵省印刷局の贋札防止の戦い

得能良介という薩摩藩士がいます。この人は大蔵省印刷局の前身の組織を立ち上げた、初代の印刷局長、日本のお金作りの草分けです。この人が日本の紙幣制度を作ったと言っても過言ではない。自分が作った紙幣が流通するわけですから、そこに偽札が紛れているというのは彼にとってもひじょうにショックなわけです。絶対に偽札を作らせないような精巧なものを作ったのに偽札が出てきてしまったというのは、彼にとっては痛恨の極みだったでしょう。それで得能は川路に、どうも藤田組が怪しいぞ、関西方面から主に出ているというような情報を提供するのです。

かなり厳格な人だったらしいです。不正は絶対に見逃さない人でした。お金を印刷する作業員に対して、毎日、入る時と出る時は裸にして検査して、お尻に挟んだりしないように丸太を跨いで着替えさせるような、そういう仕組みも考えます。内部から偽札が出てくることを恐れたからでしょう。

この初代印刷局長得能良介は紙幣の元を最初に造った人ですが、造幣局の工場に天皇が視察に来た時、説明しました。

——紙幣は実貨の代券であってその記載する価格でその信を表す。そのため製造の初めにあたって贋造防止の術を尽さなければ贋偽紙幣が百出、人民の信用を失い、ついには真券の行使を阻むにいたるであろう。

要するに実貨とは金を含んだ金貨や小判です。金本位制ですから、本来は金と交換しなければいけないのですが、その代わりに紙幣を発行したわけで

太政官札

す。信用が無ければ流通しない。金と交換する前提で紙幣が流通するのですから。

贋造防止の方法は、従事者が通常の担当や通常の技術を施すだけでは効が上がらない。かならずや従事する者が非常の担任力を以て、あるいは非凡の機械により、あるいは非常の技術を施すことでなければ、防贋の実効は得られない。

写真を見る限り、当時の太政官札は杜撰な作りだったようです。話をもどして、得能良介さんと月形潔の関わりです。

「(…) 藩札引換の用件で福岡から小倉へ行く途中の宮尾少属の一行は、暴徒と遭遇しました。(…) 宮尾一行を見て、それ政府の官員だ、打ち殺してしまえと叫んで、竹槍で囲んだのです。(…) 衆寡敵せず、退いて付近の寺に入り割腹しました。そういうわけで、得能は殉職した部下の未亡人を紙幣寮の目附役に採用して、これを救済したのです」

「(…) その福岡県の百姓一揆では、『大蔵省印刷局百年史』に、ちょっとした発見がありましたよ (…)『(一揆の) 急報を受けた福岡県庁から (明治六年）六月十八日、典事月形潔が権大属小野新路と修猷館（藩校）の学生隊を率いて暴動鎮圧のため出動し（…）』」

以前にお話した筑前竹槍一揆、福岡で明治六年に一〇万人も参加した大きな暴動ですが、その鎮圧・収拾に月形潔が当たっています。（第二講参照）

「そんなところに、この集治監の初代典獄の名が出るとは思いませんでしたな。贋造防止に躍起となっていた得能紙幣頭、その得能の旧部下を死にまきこんだ福岡県の百姓一揆に樺戸集治監初代典獄月形潔の名が出るとはなァ。そのまた月形の集治監に、こともあろうに贋札造りの犯人にされた熊坂長庵先生が無期徒刑囚でつながれていたとはなァ。……はてさて、世の中はいかなる宿縁因果で結ばれているものやら、人間万事、分らぬものじゃなァ」

得能さんが、殉職した部下の未亡人を印刷局に採用した、という話ですが、そこで最初の三人の登場人物のひとり、神岡さんという謎の女性が最後にカミングアウトします。印刷局に雇われた宮尾なんとかという未亡人の親戚の子孫に当たるということで、親からこういう話を聞いていた、と出てくるのですよね。

■贋札防止——三つの要素

松本清張の「不運な名前」には、図版がどうだとか機械印刷がどうだとか、石版印刷がどうだとか、細かくてマニアックなことがいっぱい出てくるんです。どうやって偽札を刷ったのか、ああでもない、こうでもないとあるんですが、とてもこれは私の手には負えません。

贋札防止には三つの要素があるそうです。

一つは図案です。図案が複雑で、印刷を真似出来ないこと。

二つ目がインクです。当時、こうやって色が出るインクなんて、市販のものはまだ無いです。だから、自分たちで調合して、原料から印刷局は作っていた。

三つ目は紙です。紙も本当は和紙で、特殊で丈夫な紙で作るのです。

しかしこの頃、西南戦争で莫大にお金が必要で、もう徹夜でフラフラになりながら刷ったらしいです。何日も徹夜で、下手したら後ろに倒れそうになりながら印刷したらしいのです。

そして紙が間に合わない。だから、質の悪い紙で刷らざるを得なかった。またインクも足りない、そうなるとまた偽札の余地を残してしまいます。当時の状況だとそういうこともありますね。だから贋札を判別するには図案しかなかったのかもしれません。
当時の時代背景と照らし合わせてみると、そんな状況が見えてきます。

五．長州閥の危機に伊藤博文が裏工作

さっき言った薩摩と長州の争いの中で、時の大蔵卿佐賀出身の大隈重信も独自にこの調査をさせていたのですが、これを伊藤博文が長閥全体の危機というふうに受け取ります。特に山県有朋あたりはかなり絡んでいたらしいですね。

当時政治講談で知られた伊藤痴遊の「藤田組贋札事件」からの引用が紹介されます。

《(…) 山県参議の如きは、自家身上に及ぶ疑件に付ての廟議に、依然列し居るは我々も快しとせざる所、速かに当職を免ぜられ、法廷に於て是非曲直を明かにしたし、とて頻りに辞職を求めたる其中(そのなか)、(…) 段々局面を変じ、遂に一の犯罪をも発見せずして止(や)み、(…) 廟堂の風雲も迹(せき)を収めたり、此時大隈参議は贋札探偵費として機密費の特別支出をなしたるも、是は唯(ただ)大蔵卿たる当然の職務を以てしたるも

のにて、大阪行等の命令は警視局連の躍起運動に出で、遂に越権濫職（らんしょく）に及びたるものなりと聞く》（傍点は原文のママ）

山県有朋は参議を辞職し法廷で嫌疑を明らかにせよと迫られましたが、結局は何の証拠も出ないまま　沙汰やみになっていきました。かたや大隈は、贋札の調査に機密費を支出したが、大蔵卿として立場上当然の仕事であって、たまたま部下たちが行過ぎた、ということで納めようとなったのでしょう。この背後には伊藤博文の必死の裏工作があったという見立てです。

（…）伊藤にとっては、長閥の没落はすなわち明治政府の崩壊であった。伊藤はおそらく大隈を極力説得したにちがいない。（…）

　こうして伊藤工作は成功し、贋札事件を突破口に警視庁が藤田組本支店ならびに伝三郎方を家宅捜索して井上との贈収賄の事実を摑もうとした意図は「その証拠が挙らなかった」ことにして安藤則命中警視らへの懲罰となった。（…）

（以上、引用は松本清張「不運な名前」より）

栈比呂子著『評伝　月形潔——北海道を拓いた福岡藩士』

六、贋札事件と月形潔

栈比呂子先生の本（『評伝　月形潔』）によると

西南戦争後半の動きがつかめなかった潔だが、十一年十月に明るみに出たいわゆる「藤田組贋札事件」中間報告書六葉が遺品の中から見つかった。司法卿大木喬任宛、中警視安藤則命名義だが、潔が起草し下書きしたものだという。容疑者全員が決め手となる証拠不十分で事件はうやむやに終わり、無罪放免となった二日後の、十二年十月二十二日付である（……）。

さて政財界を巻き込み、明治新政府の屋台骨を揺るがしかねないほどの黒い霧におおわれていた藤田組贋札事件は、告発者木村真三郎に「誣告罪」で懲役七十日の刑を言い渡して幕を引いた。木村は放免後、「疑惑未だ解けざるかどあり」とその筋に訴えたが却下されてしまう。中警視安藤則命は免官・位記返上。権大警部佐藤志郎は懲戒免官の処分が下る。その翌年、事件のカギを握るといわれた藤田組参謀中野梧一は、

北森　鴻（きたもりこう）
1961～2010　山口県生れ。
フリーランスのライターとして活動する傍ら、1995（平成7）年に『狂乱廿四孝』で鮎川哲也賞を受賞しデビュー。
1999年には短編連作『花の下にて春死なむ』で日本推理作家協会賞を受賞。『凶笑面』『孔雀狂想曲』『狐闇』『触身仏』『螢坂』『瑠璃の契り』『写楽・考』『暁の密使』『香菜里屋を知っていますか』『虚栄の肖像』『うさぎ幻化行』『暁英　贋説・鹿鳴館』などの著書がある。

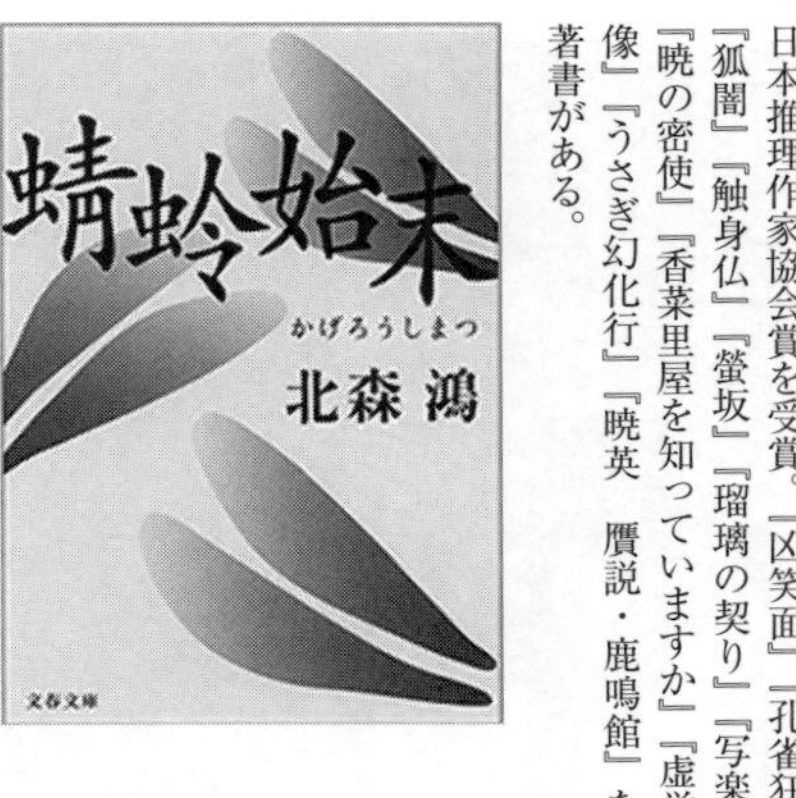

蜻蛉始末
かげろうしまつ
北森 鴻
文春文庫

原因不明の自殺を遂げた。事件の「報告書」はその後およそ百年近く、潔の遺品の中で大切に保管されていたのだった。

ということで、月形潔と贋札事件との関わりを、栈先生は初めて掘り出されました。それまで、私の知る限りでは、どこにもこれが無かったのです。おそらく安藤則命たちが一所懸命捜査していたのを、筆が立つ月形潔が報告書としてそのまとめを任せられていたのでしょう。結局、日の目を見ないで終わってしまい、そこに保管されていたということです。下書きの原本ですね。

七．藤田組は濡れ衣？　北森鴻『蜻蛉始末』

北森鴻『蜻蛉始末』という本があります。北森は山口県出身のフリーライターです。結論から言えば、藤田伝三郎は非常に立派な人で、濡れ衣をきせられたのだと、エンターテイメントを盛り込みながら非常に巧みに書いてあります。いわば藤田側からのアプローチと言っていいかもしれません。

「明治十二年、政商・藤田伝三郎は贋札事件の容疑者として捕縛された。

明治通宝

その十七年前、高杉晋作の元に集まる志士たちの中に伝三郎がいた。」

架空の人物ですが、足の悪い「幼馴染の〝とんぼ〟宇三郎が影のように寄り添う。」虐められたりしたのを藤田伝三郎が助けてやったりして、その頃からその二人がつかず離れずで、いろいろなことに絡んでいるのです。

実はその宇三郎と熊坂長庵が、どこかでまた繋がっています。山城屋和助がヨーロッパに行って荷物を送ります。それをこの宇三郎を受取人にするのですが、雲行きが怪しいものだから宇三郎が熊坂長庵に預かってくれというわけです。そういうふうにするところから熊坂長庵に冤罪がいくというストーリーです。

宇三郎は足が悪くて〝とんぼ〟という愛称だったので、それで『蜻蛉始末』という意味です。さっきの偽札の文様の蜻蛉、とんぼの足が一本足りないのです。本当は六本あるのですが、一本足りないのが偽札だよ、と。

ここに明治通宝の写真があります。どこにとんぼがいるのかちょっと分かりませんが、それは置いておいて、この地模様を見てください。ものすごく複雑です。実はこれは機械で彫っています。上の青いところ、これは手刷りでやっています。機械と手刷りです。

機械は当時、日本に無かったので、下の地模様だけはドイツで印刷させて、印刷したものを日本に持ってきて、日本で上の手刷りの部分を印刷した

山城屋和助

＊山城屋事件（やましろやじけん）
明治5（1872）年に発覚した近代日本初の汚職事件。
山縣有朋が陸軍省の公金を、同郷で親交があった陸軍御用達の商人である山城屋和助に勝手に貸し付け、その見返りに金銭的な享受を受けていたとされる事件。事件発覚後、和助は自害、山縣も陸軍大輔を辞任した。
山城屋の借り出した公金は総額約65万円、当時の国家歳入の1％という途方もない額であった。

というわけです。松本清張に言わせると地模様を真似するのは無理だということです。だから、地模様は機械で印刷したはずだと。その偽札の地模様を印刷するには二種類の方法があります。一つはドイツで印刷して、日本に持ってきてから偽札作りをするという方法。もう一つは地模様を印刷する彫刻の機械を密かに日本に持ってきて、どこかで印刷するという方法。そうなると熊坂長庵みたいな貧乏絵描きがそんなこと出来るはずがないだろうということになります。それほど貧乏でもなかったようではありますが……

さっきの山城屋和助が出てくる、山城屋事件＊というのがあります。山城屋に山県有朋が勝手に貸し付けたり融資したりしていました。山県はそれで一度、身を引く。和助は陸軍省の事務室で自害しました。「山城屋の借り出した公金は総額六五万円、当時の国家歳入の一％という途方もない額であった。」

今でいう一兆円くらいです。個人に貸し付けるって、ひどい話です。こんなことをやっていたら国民も怒るわけです。いくらその意図が正しいからと言っても。

（…）宇三郎は愚鈍な見かけにも関わらず、六尺棒を使った棒術の達人で、傳三郎の影守りだった。（…）彼の思考法は常人とは異なっている。自分や傳三郎にとっての脅威となりえそうな者に対して、「いざとなったら殺してしまえばいい」と躊躇なく考えてしまうのだ。（…）そんな宇三郎も、妻を迎え、娘が生れると別人のように変わってしまうのだが、幸せもつかの間、彼を悲劇が襲う。そして、その悲劇が、傳三郎への恨みとなってしまうのだ。

その悲劇とは、宇三郎の妻と子どもがコレラにかかってしまうんです。そしていろいろ薬を探す。当時、藤田組が石灰だか殺菌剤を扱っていたので、それを分けてくれとお願いに行ったのだけれども社員から追い返されます。それで昔のよしみを忘れた伝三郎を恨むんです。そこから宇三郎が偽金造りで伝三郎を陥れるというストーリーです。フィクションですが、なかなか面白いです。

そこで、それをまた仕掛けるのが井上馨です。世間の噂を一回クリアするために、そういう事件をでっち上げて盛り上げて、今度は熊坂長庵を連れてきて、「実はこいつが真犯人だ」ということで一件落着にして収めようとするんですよね。『蜻蛉始末』は、そういうストーリーで書いてあります。本当かどうかは分かりません。

熊坂長庵作「弁天図」

八．おわりに——真相は樺戸に埋もれている？

最後に、この「弁天図」は熊坂長庵が樺戸で描いた絵で、月形町内の北漸寺に額に入れて飾ってありますね。

この絵に込められた思いは何だったのか、今となっては知る由もありませんが、ともかく今も真相は闇の中です。それが日本の近代化の草創期に潜む謎です。それが時代を超えて私達のまちに繋がっている。

まだまだ分っていないことがたくさんある。それが歴史の面白さです。樺戸監獄の三九年の歴史にもまだまだ埋もれている真実がありそうですね。これからも少しずつほじくっていこうと思います。

とりあえずこれで、皆さんと学ぶ全七回の歴史講座は終わりです。

【参考文献】

■第一講　時代背景からたどる「月形学」へのアプローチ

未完の明治維新　坂野潤治　ちくま新書　2007年
月形町史　月形町史編さん委員会　月形町　1985年
北海道行刑史　重松一義　図譜出版　1970年
日本行刑史　瀧川政次郎　青蛙房　1961年
ふるさと歴史散歩　月形潔　楠　順一　NPO法人サトニクラス　2014年
アジア主義　その先の近代へ　中島岳志　潮出版社　2014年
近現代日本史と歴史学　書き換えられていた過去　成田龍一　中公新書　2012年
日本近代史　坂野潤治　ちくま新書　2012年
ノモンハンの夏　半藤一利　文春文庫　2001年
ほっかいどう百年物語　STVラジオ編　中西出版　2002年
黒田清隆　井黒弥太郎　吉川弘文館　1977年
星霜　北海道史　1・2　北海道新聞社編　北海道新聞社　2002年
県民百年史　北海道の百年　永井秀夫・大庭幸生編　山川出版社　1999年
血塗られた慈悲、鞭打つ帝国。　ダニエル・V・ボツマン　インターシフト　2009年
特命全権大使　米欧回覧実記（一）～（五）　久米邦武編　岩波書店　1979年

■第二講　月形潔の生きた時代

評伝　月形潔　桟　比呂子　海鳥社　2014年
改訂樺戸監獄　熊谷正吉　かりん舎　2014年
赤い人　吉村　昭　筑摩書房　1977年
樺戸監獄史話　寺本界雄　月形町　1950年
筑前竹槍一揆　紫村一重　葦書房　1973年
筑前竹槍一揆論　石瀧豊美・上杉聰　海鳥社　1988年
筑前竹槍一揆研究ノート　石瀧豊美　花乱社選書　2012年

玄洋社　封印された実像　石瀧豊美　海鳥社　2010年
玄洋社発掘　もうひとつの自由民権　増補版　石瀧豊美　西日本新聞社　1997年
贋札つくり　松本清張　角川小説新書　1963年
街道をゆく　第15巻　司馬遼太郎　朝日文芸文庫　1985年

■第三講　鉱山と道路と監獄

翔ぶが如く　司馬遼太郎　文春文庫　1971年
北海道道路誌　北海道庁編　北海道庁　1925年
史料北海道監獄の歴史　重松一義　網走監獄保存財団　2004年
銀行王　安田善次郎　北　康利　新潮文庫　2013年

■第四講　日本の社会事業のさきがけとなった人々

地の果ての獄　山田風太郎　文藝春秋　1977年
風々院風々風々居士—山田風太郎に聞く　森　まゆみ　ちくま文庫　2005年
山県有朋　半藤一利　ちくま文庫　2009年
山縣有朋の挫折　松元　崇　日本経済新聞出版社　2011年
龍馬の手紙　宮地佐一郎　講談社学術文庫　2003年
監獄ベースボール　成田智志　亜璃西社　2009年
わが九十年の生涯—伝記・生江孝之　生江孝之　大空社　1988年
聖園教会史　松田真二　日本基督教会聖園教会　1982年
近代日本の社会事業雑誌—『教誨叢書』　室田保夫　関西学院大学　人権研究　2011年
原胤昭の生涯とその事業—兵庫仮留監教誨師時代を中心として—　片岡優子　関西学院大学社会学部紀要 100号　2006年
釧路集治監教誨師時代の原胤昭　片岡優子　関西学院大学社会学部紀要 101号　2006年
『伯爵清浦奎吾傳』—明治二四年から明治三九年まで—　小野修三　慶應義塾大学日吉紀要・社会科学 24号　2013年
大塚　素　小論　—その生涯と思想—　室田保夫　キリスト教社会問題研究 40号　1993年

■第五講　獄窓の自由民権者たち

獄窓の自由民権者たち	供野外吉	みやま書房	1972年
北門鎖鑰の礎石　渡邊惟精（復刻版）	供野外吉	三笠民衆史研究会	1982年
鎖塚　自由民権と囚人労働の記録	小池喜孝	現代史出版会	1973年
明治の逆徒	徳永真一郎	毎日新聞社	1982年
明治の革命　自由民権運動	三浦　進	同時代社	2012年
自由民権運動への招待	安在邦夫	吉田書店	2012年
自由民権運動の研究	内藤正中	青木書店	1964年
民権と憲法	牧原憲夫	岩波新書	2006年
明治精神史	色川大吉	岩波書店	2008年
空知集治監の食生活	那須邦枝	北海道新聞社	1987年

■第六講　樺戸監獄剣術師範　永倉新八

幕末新選組	池波正太郎	文春文庫	1979年
乱世の男たち　戦国と幕末	池波正太郎	角川文庫	1980年
新選組永倉新八外伝	杉村悦郎	新人物往来社	2003年
新選組永倉新八のすべて	菊池　明ほか	新人物往来社	2004年
新選組永倉新八のひ孫がつくった本	杉村悦郎・杉村和紀編著	柏艪舎	2005年
新選組写真全集	釣　洋一	新人物往来社	1997年
新選組始末記	子母沢　寛	広済堂出版	1972年
新撰組顛末記	永倉新八	新人物往来社	1998年
新選組剣客伝	山村竜也	PHP研究所	1998年
密偵	津本　陽	角川文庫	1991年
山岡鉄舟　幕末・維新の仕事人	佐藤　寛	光文社新書	2002年

■ 第七講　熊坂長庵と藤田組贋札事件

不運な名前	松本清張	文藝春秋	1982年
蜻蛉始末	北森　鴻	文藝春秋	2001年
ゲルマン紙幣一億円	池宮彰一郎	講談社	2000年
贋金王	佐藤清彦	青弓社	1997年
熊坂長庵の生涯　波の華	加藤碧洋	加藤碧洋	1986年

月形歴史講座を受講して

楠さんの歴史講座はとても刺激的でした。私の出身地からほど近い月形町に作られた樺戸監獄を軸に、監獄改良や囚人の処遇改善について論じたり、日本の近代化という大きなテーマを扱ったり、もしくは一個人の人生に想いを巡らせたり。様々なトピックを盛り込んだお話は、大学で受ける講義にも劣らない奥深さがあって、いつも興奮を覚えました。一見、バラバラに存在しているかのようなこれらの話が、実は互いに絡み合って展開しているものなのだと知ることができたことも、私の中で大きな学びとなりました。北海道を舞台に日本の近代化を語ることができるのだということにも驚かされましたし、特に「監獄」や「囚人」に関するトピックには、大きな興味を抱きました。

私は現在、犯罪をした人や非行をした少年と関わる仕事に就いていますが、日々、色々なことを考えながら業務にあたらなければなりません。成人年齢が引き下げられるが、少年法の取り扱いはどうなるのか。犯罪をした人に対する刑罰は教育的であるべきか、自由刑をより厳罰化すべきなのか。真の「更生」とは何を意味するのか。これらの議論や疑問に立ち向かうためには、これまでの歴史を踏まえることが必要不可欠なはずです。犯罪をした人に対して先人達はどのように考え、制度を動かしていったのか。私の従事している仕事はそういった歴史の中でどういった位置にあるのか。これらのことを意識するのは、きっと大きな意味を持つのだ

ろうと思っています。そして、そうした歴史の中に私自身が身を置けていることに喜びを感じています。私がこんな風に考えるようになったのは、楠さんの歴史講座を受けることができたからです。私の人生においてとても重要なことを学ばせていただきました。しっかりと胸に刻み、先人たちにも負けないような仕事をしていこう、と気概を持たせてくれました。

楠さんの努力がこうして形になったことをすごく嬉しく思いますし、そこに微力ながら関われたことにとても感謝しています。誰にでも訪れる経験ではないと思います。今は仕事が忙しいと言い訳をして、月形の歴史について振り返る時間を持てずにいますが、書籍という形になった楠さんの想いが手元に届くのを心待ちにしています。札沼線の廃止や新型コロナウイルスの蔓延など、喜ばしいとは言えないニュースも多いですが、楠さんには相変わらず元気なまま歴史探求を続けて欲しいと思います。

（当時）北海道大学教育学部　前田　湧介

私は学部の3年生の頃から月形町に何度かお邪魔し、そのご縁で、楠さんからお話を聞かせていただきました。今回、月形学歴史編を本にまとめられるということで、当時の私の気持ちを振り返りつつ、少しだけ書かせていただきたいと思います。

私には、バスガイドをしていた母がおります。母は観光バスに乗り、北海道中を駆け巡っておりましたので、北海道の歴史や地理にはとても詳しいです。そんな母とドライブするといつも、「この道路はね、囚人さんが頑張って作った道路で…」と、話を聞かされておりました。しかし、なぜ「囚人さん」が道路や街を作ることになったのか、私にはどうしても想像ができませんでした。そして、私自身中学校や高校での歴史の学習に必死で、想像しようともしていませんでした。

結局そのまま大学生になり、自分から「囚人さん」の歩みを振り返ろうとせぬまま、楠さんからお話をうかがうことになりました。楠さんのお話を聞いていると、「こんな色の服を着ていたのか、ちょっと派手だなあ…」「え、この人は、冤罪かもしれなかったのか…」「このとき、どんな気持ちで亡くなっていったのだろうか…」と、「囚人さん」を含め、「囚人さん」を取り巻く周囲の人々の生き様、営み、思いを、ありありと想像することができました。

次第に、「囚人さん」の歩みを私に何度も語っていた母は、どのような気持ちだったのだろうという気持ちになりました。もしかしたら、囚人という、当時陽の当たらない人々が遺したもの、その上に私たちの暮らしが築かれているということはどういうことかを、私に考えて欲しかったのかもしれません。歴史を学ぶということは、歴史的出来事そのものを学ぶというだけではなく、過去の歩みに対して思いを馳せる人々の気持ちを、想像するということなのかもしれません。

月形学歴史編を受講してから、かなりの月日が経ちました。今改めて思い返しますと、歴史には、「本当の歴史」というものは存在しないのだなあと、つくづく感じます。歴史には、必ず誰かがそれを整理し、人々に伝えるというプロセスがあります。その歴史が語られた背景は何だったのか、十分に精査する必要があります。そのような学び方の方が、深みを持って、歴史というものを味わえるような気がしております。

楠さん、貴重なお話をお聞かせくださり、どうもありがとうございました。またお会いできることを、心から、楽しみにしております。

（当時）北海道大学教育学部　砂金　亜実

【あとがき】

■ Uターン就農から「月形学」へ

私がサラリーマン生活にピリオドを打ち、妻子を伴って月形町の実家にUターン就農したのが、1992年。翌年は100年に一度といわれた大冷害に見舞われましたが、その後は一転して「コメ余り」となり、自由化の波が農村を襲ってきました。農家として将来に不安を覚え、新しい活路を探ろうと地元の農家仲間と野菜の産直グループを立ち上げたのが2000年でした。

グループ名を月形らしい名前にしようと色々と調べるうち、浮かんできたのが、樺戸集治監で看守に剣術を教えたという新撰組の剣豪永倉新八。それにちなんで、産直グループ名は「月形新鮮組」としました。おかげで、皆さんにはすぐ覚えてもらえました。

お客さんにその由来を聞かれることも多くなってきたものですから、本屋さんやネットで新撰組の本を手当たり次第買い込んで勉強するようになりました。

幕末には幕府の用心棒みたいな役割だった新撰組で、最強の剣豪と目されていた永倉新八が、なぜ敵方だった官軍=明治新政府の設置した監獄に奉職することになったのか？　当時の典獄月形潔とのつながりは？

そこから私の「月形学」の旅が始まりました。

そのうち、月形町の名前の由来である初代典獄月形潔について、興味が湧いて来ました。書籍やインターネットで彼の郷里福岡での足跡を探すうちに、福岡の郷土史研究者石瀧豊美氏のホームページに行き当たりました。氏の膨大なコンテンツを渉猟していくうちに、月形潔が青年期に残した足跡を見つけたときの興奮は、いまでも忘れることが出来ません。わがまちの開祖ともいえる月形潔が、遠く離れた南の地の歴史の裏側で実は大きな役割を担っていたという、今まで知らなかった事実が次から次と明らかになってきました。

当時の郷土史研究会会長　故熊谷正吉さんを訪ねたのもこの頃です。何回もお邪魔して、資料収集の苦労話や、来町した作家達とのやり取りなど、貴重なお話を沢山聞かせていただきました。熊谷さんが月形を訪れた国民的作家司馬遼太郎と一緒に収まっている写真を見た時、司馬ファンを自認する私は、興奮とともに嫉妬を覚えたのでした。

そうこうしてだんだんと知識が増えてくると、誰かに聞いて欲しくなりました。ちょうどその頃、私が理事を務めていた老人福祉施設「藤の園」の当時の園長山口雄司氏から、「お年寄りから地元月形の歴史を知りたいとの希望がある」とお話があり、喜んでお引き受けすることにしました。お話しだけでは退屈かな?と思い、スラ

藤の園にて（2011 年）

イドを用意して、目からも伝えられるように工夫しました。20人くらいのお年寄りに「歴史の会」と称して２００９年から足掛け3年にわたって続けました。このときの経験が私の「月形学」の基礎になりました。前後して、札幌の友人グループのツアーをご案内したり、中学校に出向いてお話ししたりするようになりました。

２０１０年にはおりからの月形町開基１３０周年に便乗して、それまでに調べた内容をまとめ、「月形物語　その壱　月形潔とその時代」と題して記念式典出席者の一部に配布させていただきました。そのときに出席されていた月形潔の孫様の篠原澄子ご夫妻にも差し上げ、大変喜んでいただきました。のちに篠原さんは取材に訪れた『評伝　月形潔』の著者桟比呂子氏に拙稿を紹介され、桟先生と私の交流に繋がったのでした。

当時、私は地元の障がい者施設「雪の聖母園」の支援を得てＮＰＯ法人サトニクラスの設立を目指して準備していましたが、カトリック教会信者や同園関係者をはじめとして１００名ほどの会員の参加をいただき、２０１２年に設立にこぎ着けることが出来ました。その翌年に会員への感謝のしるしとして配布したのが、第2講のテキストとした「サトニクラス　ふるさと歴史散歩 月形潔 明治日本の影を担った半生」です。

翌２０１４年11月には、『評伝　月形潔』の著者桟比呂子氏との出会いが有りました。

以下は当時の私のブログから・・・

「評伝月形潔」の著者桟比呂子さんが来町。

役場・桜庭町長への表敬訪問の後、月形温泉に宿泊されました。

昨夜、少しの時間でしたが本書執筆の苦労話を伺うことができました。

月形潔の数少ない足跡を探すご苦労は大変なもので、福岡県立図書館などの膨大な資料の中で彼の名前のある個所を探し出すという作業を約一年余つづけられたそうです。

あたかも砂浜で亡くしたコインを探すような、気の遠くなるような忍耐強い仕事の結果が今回の執筆であったということです。

それでもまだなお謎の多い彼の生涯は、尽きない興味をそそられます。

あれこれ妄想を語り合ったひと時でした。

――2014年11月11日

栈先生との出会いは、北海道の小さな町で続けて来た私のささやかな営みに、にわかにスポットライトを当てていただき、大きな励ましとなりました。意を強くした私は、世の中に発信したいとの思いを抱くようになりました。

そこに北大の皆さんが月形町を実習の場に選んでくれて、歴史の語り手という役割を私に与えてくれるという僥倖が訪れました。その経緯は、指導教官の辻智子先生から「発刊によせて」に詳しくご紹介戴いたとおりです。

■開基140周年に寄せて

しかし「書籍」として出版界に送り出すには、出典等に関する吟味についても、内容的にも私自身の調査研究によるオリジナルな部分が少ないこともあり逡巡がありましたが、私が感じたふるさと月形の歴史の魅力を少しでも多くの人々に伝えたいという思いが強く、加えて月形開基140周年に花を添えたいと思い、やや生煮えながらあえて世に送り出すことにしました。

百年以上前とはいえ、いま私達が暮らすこの地で、明治期の日本の歴史に繋がる人々の営みが繰り広げられていたということ、そしてそれが何らかの形で現在につながっているというまぎれもない現実を、1人でも多くの人々に知ってほしいと思います。

■尽きない謎が魅力

歴史を探求する作業を通じて実感したのは、記録が残されていて我々が目に出来る事実はごく一部だということです。「隠蔽」も「忖度」も今に始まったことではないみたいで、当時から時の権力者に都合の悪いことは、歴史の表層には現れてきません。陰に埋もれた事実の欠片から、掘り返していくと、これまで見えていなかった歴史の真実が見えてきます。それは、現在の我々の価値観やイデオロギーに囚われていると見えないもので、先入観を捨てて、可能な限り当時の人々のおかれた状況に思いをめぐらして初めて見えてくるものです。私はそこに歴史を探求する楽しさを感じています。

本書で取り上げた幾つかのテーマもまだまだ明らかになっていない部分があります。たとえば明治最大の冤罪ともいわれる藤田組贋札事件であり、監獄改良に多大な貢献をしたクリスチャン教誨師たちが連袂辞職する原因となった大井上典獄不敬事件であります。そしてそもそも、樺戸集治監をはじめとする北海道の監獄群が歴史的にどういう役割を果たしたのか？という大きな問題が、未だ充分に解明されてはいないのではないかと、私は考えています。

■残された課題

じつは当初の目論見では、本講座の最後のテキストにダニエル・V・ボツマン氏の『血塗られた慈悲、笞(むち)打つ帝国。―江戸から明治へ、刑罰はいかに権力を変えたのか？』を取り上げる予定でした。残念ながら、能力的にも時間的にも力及ばず今回は断念しました。

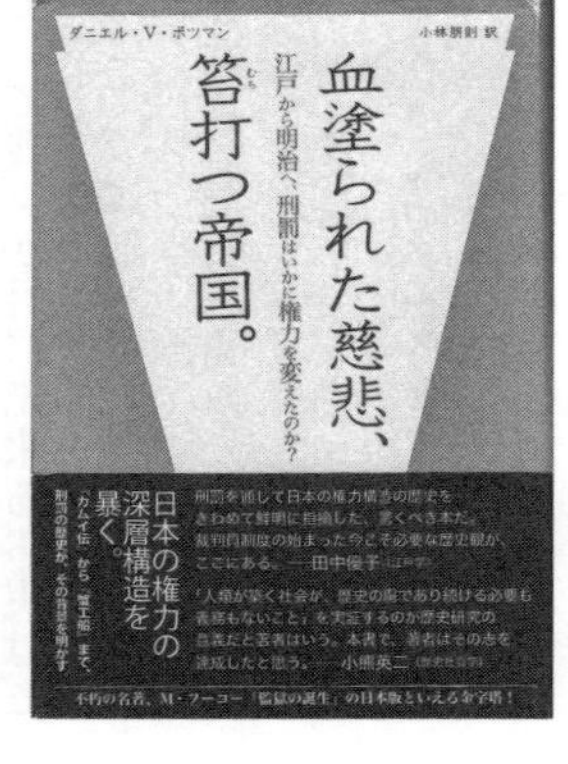

同書の内容は、おどろおどろしい邦題とは裏腹に、極めて学術的で、江戸から明治に至る刑罰の変遷と明治新政府が国際社会での地位を築いていく上で最大の課題であった不平等条約の改正との関わりを説き明かしています。その中で、樺戸監獄を中心とした北海道の監獄が果たした役割を取り上げています。

ボツマン氏はパプアニューギニアで生まれ、オーストラリアで育ち、米国の大学に学び、北海道大学法学部に客員教授として勤務した時に同書を執筆されました。その間何度か樺戸博物館に来られて、熊谷氏や当時学芸員であった野本和宏さんに難しい質問をされたそうです。

現在、ボツマン氏は米国における東洋研究のメッカといわれるイェール大学で日本史の教授をされており、最近では２０１８年に山川出版社から『「明治一五〇年」で考える：近代移行期の社会と空間』（共著）を出版されました。

アジアで初めて西欧的な意味での「近代国家」となった日本。その過程を刑罰の変遷という視点から解明されたボツマン氏が、わが樺戸博物館に何度も足を運んだということは、わが町の歴史が世界史的な文脈の中で意味を持っている証左といっても過言ではないでしょう。

ともあれ、いずれはそうした視点から月形町そして北海道の歴史を考えてみたいと思っています。

■感謝をこめて

こうして拙書を世に送ることができたのも多くの皆さんのおかげです。ここに改めて感謝申し上げます。

学生の皆さんと学ぶ機会を用意していただいた北大教育学部の辻智子先生、そして寄稿いただいた前田湧介さん、砂金亜実（いさご）さんをはじめ、ともに学んだ北大教育学部の学生さんたち、また初期の拙い私の講話を聞いていただいた藤の園のお年寄りやスタッフの方々、様々な機会に私の話を聞いて頂いた多くの皆様に私は育てていただきました。そして月形潔の生地福岡県中間市から、北海道での小さな営みを見出していただいた栈比呂子先生、恵迪寮同窓の縁から多忙な時間を割いて大井上典獄の人物観に示唆を与えてくれた元北海道新聞編集委員森川潔氏、そして何よりも本町の歴史を辿るよすがを遺してくれ、個人的にも温かい御指導を戴いた故熊谷正吉氏には改めて深甚の敬意と感謝を捧げたいと思います。

そして素人の無謀ともいえる企みを優しく受けとめ、出版まで忍耐強く導いてくれたかりん舎の坪井さん、高橋さん、辻先生との出会いを繋いでくれ、共に学び、発行元を引き受けていただいた月形歴史研究会の清水藤子さんは、本書誕生の恩人です。

最後に、道楽に近い私の営みを温かく見守って日々の暮しを支えてくれた妻享子と、ふるさとを離れそれぞれの道を歩んでいる息子新太朗と娘奈生子に、愛を込めて、本書を捧げます。

2020年6月　コロナ禍のさなかでも深まりゆく緑のなかで

楠　順一

解説に代えて

栈　比呂子

月形町開基一四〇周年の年に、町在住の楠順一さんの「月形学――歴史編」が上梓されましたことは、温故知新と申しましょうか、今後の町づくりに一石を投じる快挙で、期待が膨らんでおります。

私が初めて月形町を訪れたのは二〇一一年十一月で、底冷えのする寒さに白い息を吐きながら、町の観光パンフ片手にあちこち巡りました。月形潔上陸の地、監獄専用の波止場跡、囚徒が眠る囚人墓地。そして明治十一年に起った藤田組贋札事件の、犯人とされた熊坂長庵が描いた観音図が残る北漸寺。最後は円山の展望台へ登り、月形潔らが拓いた町を一望しました。

月形潔は旧福岡藩士ですが、地元ではまったく無名の人が遠い北海道の地で、町名になっていまも残っていると聞き、その町に興味を抱いての訪問でした。

樺戸博物館で初めて集治監の歴史を知り、次いでお会いした（故）熊谷正吉名誉館長は、初代典獄月形潔への畏敬と親しみ、そして囚人労働への感謝の気持ちを熱く語ります。それは私の知らないことばかりでした。月形町との出会いが、「評伝　月形潔」を書くきっかけとなりました。

帰福してとりあえず明治維新について勉強を始め、併せて月形潔に関する資料を探しておりましたとき、月形潔の孫・篠原澄子さんと連絡がとれ、急きょ上京しました。そのとき参考になればと見せて頂いたのが、楠順一さんの開基一三〇年に寄せて発行された「月形物語その壱　月形潔とその時代」という、B４十五ページの手作りの冊子でした。

ページを開くと、明治維新に光と陰があり「樺戸集治監と、そこに関わった人々は、その陰を担ったがゆえに、明治期の日本の近代化の過程と深く関わる事件や人物につながっている」と、町名になった月形潔（一八四七～一九一九）の四八年の足跡を詳しく追った内容でした。

作者の楠順一さんにお会いできたのは九月で、町主催の「物故者追悼式」の日でした。農業を営む楠さんは町会議員でもあり、日焼けした活動的な容姿からキラキラした好奇心と情熱があふれた印象でした。「子どものころ、北海道の町名はアイヌの地名が多いのに、なぜ自分の町は人の名前なのか」と違和感があったそうで、それが後年に町の歴史に興味を持つ原点だったのかもしれません。

その後も楠さんの郷土史研究はさらに深まり、この度、北海道大学で行った月形町の歴史講座を元に、一冊の本になりました。たしか前回一三〇周年のとき、「また別の視点からも樺戸集治監の歴史を綴っていきたい」と抱負を書いていた約束どおり、今回は町の歴史からさらに道・国の歴史をも俯瞰して、スケールの大きな内容となっております。網走や空知、釧路などの集治監建設について、国の真の目的に鋭く切り込み、また政治に翻弄された人々をも温かく取り上げ、明治維新の陰の部分がより鮮明に伝わってきます。

私たちはともすると、一つの事件が起こると加害者と被害者、あるいは善と悪に分けて見ようとします。ところが楠さんは両者の立場を公平な目線で是として書いておりまず。それは作者が読み手に事実を提起し、判断を委ねているのかも知れません。

振り返ると明治十四年九月三日、内務省直轄の「樺戸集治監」が開庁します。「月形村」と命名されたのはそれより少し早く、六月のことでした。開村といっても一般の移住民は皆無で、集治監の関係者とその家族ばかりですが、警守課長兼興業課長の海賀直常は区画割りをして、月澄町、八重垣町、霞町など美しい名前をつけました。

国営とはいえ集治監は自給自足が基本ですべてゼロから始め、試行錯誤、悪戦苦闘の繰り返しでした。月形潔に明確な方向性が見えてきたのは、移住民の窮状を目の当たりにした事かもしれません。農業の経験もなく、道具もない移住民が、原生林の開墾などどだい無理な話でした。月形潔は考えました。開墾は囚徒がやり、そこへ屯田兵なり移住民が入植すれば村の人口も増え、隔離・開拓・定住の国の目的にも適うと、「開拓意見書」を内務卿宛に書き送ります。

しかしその頃、国の獄政方針は矯正から懲罰へと大転換し、月形潔は非職となって月形村を去って行きました。二代典獄は長州閥からで、それまで拓いた農地は民間に払下げ、道路開鑿へと転換しました。

月形潔の夢はそこで終ったのでしょうか。いいえ、土地調査から月形潔の右腕となって支えてきた海賀直常は集治監を辞し、終生月形村の発展に精魂を傾けました。土地の魅力は人と言います。福岡藩士月形潔とその支藩秋月藩士海賀直常を思うとき、月形町の大地には黒田武士の心意気が脈々と受け継がれていることに気づきます。

いま先人が築いてきた町の歴史を語り継ぐ楠順一さんに、武士（もののふ）の誇りと使命を見るのは、私だけでしょうか。いつの日か集治監閉庁以降の町の歴史を読みたいと願いながら、ご出版のお祝いを申し上げます。

二〇二〇年四月　福岡にて

■著者プロフィール

楠　順一　Jyunichi Kusunoki

［略歴］

1955（昭和 30）年　月形町にて出生
1973（昭和 48）年　月形高校卒
1974（昭和 49）年　北海道大学入学、在学中は旧恵迪寮に 4 年間居住
1980（昭和 55）年　同経済学部卒、ホクレン農業協同組合連合会入会
1992（平成 4）年　3 月 退職（37 歳）と同時に月形町にて実家の後継者として就農。米を中心に大根、トマト、ほか各種野菜。

［現在］

月形町議会議員
社会福祉法人「雪の聖母園」理事
NPO 法人サトニクラス代表理事

［家族］

父、母、妻、との 4 人暮らし　長男、長女は独立

［趣味］

読書、郷土史研究、音楽鑑賞

月形学
明治日本の陰を担ったまち 北海道月形町

発行日 二〇二〇年九月三日

著書 楠 順一
樺戸郡月形町字知来乙595番地

発行者 月形歴史研究会

制作／発売 有限会社 かりん舎
札幌市豊平区平岸三条九丁目二‐五‐八〇一
TEL 〇一一‐八一六‐一九〇一

ISBN 978-4-902591-40-8 C0021